NOTICE HISTORIQUE

SUR

LA CALABRE.

DE L'IMPRIMERIE DE DEMONVILLE.

NOTICE HISTORIQUE

SUR

LA CALABRE,

PENDANT

LES DERNIERES RÉVOLUTIONS DE NAPLES;

PAR A.^{te} DE RIVAROL,

CAPITAINE, ADJ^T-MAJOR DANS LA GARDE ROYALE.

Quæque ipse vidi.

A PARIS,

CHEZ MAGIMEL, ANSELIN et POCHARD,
Libraires pour l'Art militaire, rue Dauphine n° 9.

1817.

AVERTISSEMENT.

La Calabre, avant que les dernières révolutions de Naples y eussent conduit les armées françaises, était en quelque sorte frappée d'oubli. L'histoire avait cessé d'en parler depuis les brusques invasions de Charles VIII et de Louis XII, et ce silence n'était interrompu que pour nous apprendre les désastres produits par d'affreux tremblemens de terre.

On ne connaît d'ailleurs aucune description particulière de cette province. La difficulté des lieux, le caractère des habitans, un pays renommé par tant d'aventures tragiques, et qu'on ne pouvait parcourir sans précaution, était peu fait pour encourager les excursions des voyageurs : aussi tout ce qui a été publié avant les nouvelles conquêtes des Français, est-il ou exagéré ou inexact. Swinburne et Bridone, dans leurs élégantes relations, se sont peu occupés de la Calabre. La Sicile a été le but principal de leurs recherches.

Aujourd'hui que cette partie du royaume de Naples, devenue plus intéressante par les événemens dont elle a été récemment le théâtre, fournit de nouveaux alimens à la curiosité, il ne sera pas inutile d'en donner une idée à ceux auxquels elle est étrangère, et cet aperçu pourra encore fixer les souvenirs de ceux qui l'ont connue.

AVERTISSEMENT.

Je ne prétends point écrire une histoire complète de la Calabre, ni faire l'analyse de ses productions; c'est le résumé rapide de quelques observations faites sur les lieux, que j'offre au public.

Favorisé par un long séjour dans cette province, et par nos mouvemens militaires; curieux de mieux connaître cette terre classique dont les habitans sont presque nouveaux pour nous, j'ai réuni, dans quelques pages, tout ce qui m'a paru mériter plus d'attention. Je n'ai pas cru devoir donner plus de développement à cette Notice (1). La

---

(1) On pourra consulter, pour des faits particuliers qui eussent surchargé le texte, les notes qui sont à

Calabre fait elle-même partie d'un royaume assez étendu, et son histoire ne doit former qu'un chapitre, un épisode de celle de Naples. J'ai donc cherché à ne pas dépasser les limites que je me suis imposées. Heureux, si les traits renfermés dans un cadre resserré suffisent à l'expression du caractère que j'ai voulu saisir, et si l'intérêt du sujet rachète les imperfections de l'ouvrage!

---

la fin; et pour l'intelligence de l'Itinéraire, la carte dressée par le chevalier Zannoni. Elle est très-exacte.

NOTICE
SUR
LA CALABRE.

HISTOIRE. — TOPOGRAPHIE. — ITINÉRAIRE.

Les géographes réduisent à quatre les divisions si multipliées du royaume de Naples. La terre de Labour, les Abruzzes, la Pouille et les Calabres les renferment toutes. Cependant nous conservons ici les anciennes dénominations, pour mieux isoler la province dont nous allons nous occuper.

La Calabre proprement dite, est la partie la plus méridionale du royaume de Naples : elle est bornée au nord par les Principautés, la Basilicate et la Pouille; la Méditerranée la baigne à l'orient et à l'occident, et le cap Spartivento la termine.

On la divise en citérieure et ultérieure, suivant son plus ou moins grand éloignement de l'extrémité qui regarde la Sicile. Resserrée par les golfes de Gioja et de Saint-Euphémie à l'ouest, et ceux de Squillace et Gérace à l'est, on compte plus de cent milles (1) de ses confins à son extrémité; elle en a près de trente dans sa moyenne largeur.

Cette province est partagée, dans son prolongement, par les Apennins; ils y prennent le nom de *Syla*. Ces montagnes, souvent très-élevées, sont hérissées de bois et couvertes de frimas. Les anciens les avaient environnées de prestiges mystérieux, et leurs forêts étaient consacrées. Elles abondent en sources minérales, ce qui tient à la nature d'un terrain volcanisé et chargé de particules sulfureuses et métalliques. Les eaux de Saint-Biagio et de

---

(1) Cent milles de 5o au degré; cinquante de nos lieues communes.

Cassano sont encore en réputation. Cette dénomination de *Syla* peut aussi bien s'appliquer aux montagnes comme aux bois qui les couronnent. Les habitans la distinguent en Syla *grande* et Syla ou *Serra stretta*, selon qu'elle est située dans la plus grande largeur ou dans l'étranglement de la province.

Avant que l'Océan eût rompu ses digues naturelles, *Calpe* et *Abyla*, cette chaîne de montagnes communiquait avec la Sicile, qui en fut séparée par un tremblement de terre. Les secousses produisirent le petit archipel de Lipari, dont les îlots ne sont que les sommets des crêtes de l'Apennin submergé. Les anciens partageaient cette opinion, que Virgile a consacrée dans son Enéide. Neptune, dit le poète

Hesperium siculœ latus abscidit, arvaque et urbes
Littore deductos vasto interluit œstu. (1).

---

(1) « Sépara la Sicile du continent d'Italie, et les » flots de la mer environnèrent les champs et les cités » détachés du rivage. »

L'Apennin est l'immense réservoir de cette quantité de petits fleuves qui arrosent la Calabre; aucun d'eux n'est navigable. Les plus considérables de tous, le Laino ou Lao (*jadis Laüs*), le Chratis, le Netho, l'Amato, ne sont que des torrens précipités de ces montagnes, accrus par les pluies et la fonte des neiges, et qui se réduisent à rien dans les chaleurs. Ce qui distingue ces derniers de tous les autres, c'est que leur lit n'est jamais à sec; leur crue, souvent instantanée, les rend très-redoutables aux voyageurs, et porte dans les propriétés la destruction et l'effroi.

La Calabre a été le théâtre de plusieurs volcans, dans les siècles plus reculés: les scories, les laves métalliques, les basaltes imparfaites qu'on découvre dans ses montagnes, peuvent appuyer cette assertion. Dans quelques endroits des lacs les ont remplacés.

Agitée par les tremblemens de terre qui la déchirent, cette province présente, sur plusieurs points, des scènes de désolation. Les secousses du Vésuve et de l'Etna s'y font cruellement ressentir, et il est assez probable que, séparée un jour par fragmens, la mer inondera ses gouffres, et qu'elle ne formera plus qu'un archipel comme celui de Lipari. Dans le fameux tremblement de terre de 1783, où Messine fut presque détruite, il y eut en Calabre un grand nombre de villages ensevelis dans de vastes sillons; et d'autres, situés sur des hauteurs considérables, s'écroulèrent avec elles jusqu'au niveau des plaines, qu'ils couvrirent de leurs ruines.

Les anciens avaient donné ce nom de Calabre à une partie de l'Italie, appellée *Messapia*, qui ne répond pas à la Calabre actuelle, et qui comprenait le territoire de Brindisi dans la Pouille. La Calabre, de nos jours, renferme l'ancien Brutium et une partie de la grande Grèce. C'est un pays rempli de souvenirs. La côte d'Italie était, comme on sait, peuplée de colonies grecques que le sol et le climat y avaient attirées. Celles situées le long de la mer Ionienne, riches par la culture des arts et par un commerce actif, conservaient l'ascendant de leur première origine, et formaient la Grèce indépendante. Là florissaient Tarente, Héraclée, Sybaris, Crotone, Locres, etc. Le rassemblement des colonies sur les bords de la mer de Tyrrhène, formait la Grèce barbare. Les peuplades errantes dans les bois, au sommet de l'Apennin, n'eurent d'abord aucun établissement fixe. Presque nomades, conservant la férocité de mœurs qu'entretenait leur position et leurs habitudes, ce n'est qu'après leurs démêlés avec les Lucaniens, que les Brutiens sentirent la nécessité de s'entourer de remparts. Ils bâtirent *Consentia, Hyponium* (aujourd'hui Monte-Leone), *Mamertium* (Martorano), etc., siéges de leur puissance. Ils étaient belliqueux et habiles écuyers. On les nommait *soldats de Mars* (Mamertins), du nom de leûr capitale. Ils soutinrent avec acharnement le parti d'Annibal, et furent difficilement réduits par les Romains, qui les regardèrent long-temps comme des ennemis à craindre.

Il est vraisemblable, selon l'opinion de Strabon, que les Brutiens n'étaient, dans l'origine, que les esclaves rebelles et fugitifs des Lucaniens, et qu'ils se fixèrent dans ces contrées, où ils avaient trouvé un refuge, et à qui ils laissèrent leur nom.

On les appeloit aussi *Bilingues*, parce qu'ils parlaient la langue grecque et l'osque, qui était l'idiome usuel de la nation.

Le nom de grande Grèce appartint long-temps à toutes les colonies grecques dans la Méditerranée; mais les Lucaniens, les Enotriens et les autres peuples d'Italie, s'étant emparés de ces nombreux établissesemens, le nom de grande Grèce se réduisit à l'espace compris entre Locres et Tarente dans la mer Ionienne. Les Tarentins, les Sybarites, les Crotoniates, les Locriens

(*Zephiri*) se disputaient ces belles plages. On connaît assez le luxe et la destinée de Sybaris, les richesses de Tarente et Crotone, que ses jeux, son athlète et les écoles de Pythagore ont rendue célèbre.

Il ne reste de ces villes et de leur splendeur passée que des ruines et des souvenirs. Le temps et les révolutions physiques d'un sol si souvent ébranlé, ont enseveli leurs derniers vestiges. Les recherches même relatives à l'antiquité des monnaies, ne peuvent qu'être infructueuses, et demandent un long séjour. On trouve aujourd'hui peu de médailles avec le type grec; d'autres, qui sont moins rares, appartiennent aux époques plus rapprochées, lorsque les Romains s'étant rendus maîtres de ces provinces y établirent des colonies. Muratori, qui a laissé de nombreux et d'utiles matériaux à l'histoire d'Italie, les a distinguées avec soin dans ses annales du moyen âge.

C'est à tort que quelques voyageurs ont prétendu reconnaître les vrais emplacemens des villes de la grande Grèce, en suivant la direction des fleuves sur lesquels la plupart étaient situées. Ces moyens sont inexacts presqu'autant qu'inutiles.

Le Netho, le Chratis, le Laüs, le Coscyle, sont les seuls fleuves dont les tremblemens de terre n'aient pas détourné la source ; mais les déchiremens du terrain ont changé leur lit et varié leur cours.

Le temps a cependant respecté les restes du temple de Junon Lacinia, à l'Isola près de Crotone ; ce qui a fait donner au promontoire (jadis *Lacinium*) le nom moderne de *Capo delle Colonne*.

La Calabre, soit pendant les beaux temps de Rome, soit après l'invasion des nations du nord, suivit le sort de ce vaste Empire. Après les conquêtes des Normands, elle fut érigée en duché. Robert Guiscard en fut le premier duc ; Bohemond qui le suivit, lui donna pour armes la croix d'or au champ d'azur, à son retour de la Palestine.

Il y a dans cette province deux natures bien distinctes, et qui tiennent à la différence des sites. La première, et sans contredit la plus remarquable, est cette nature sombre et imposante que présentent les croupes de la Syla; l'autre, est la nature riante et variée des marines de la mer Ionienne, ou les plages arides et brûlantes de la mer de Tyrrhène. Ces contrastes dans les localités influent assez sur le caractère des habitans, pour être distingués avec soin.

C'est au milieu de ces sites agrestes et sauvages de l'Apennin, que les anciens peuples du Brutium, *Brutii Mediterranei*, avaient conservé cette âpreté de caractère, cette rudesse indomptable que les conquêtes des Romains, le mélange du sang étranger n'ont jamais effacées, et qu'ils ont transmises à leur postérité.

Des montagnes noircies par des forêts

de pins, dont le sombre effet contraste avec les neiges qui couronnent leur cîme; des rochers suspendus sur des gouffres profonds, sillonnés par le feu des volcans; un terrain calciné, bruni par des laves accumulées dans le cours des siècles : ici, la nature morte et dépouillée, un sol abandonné et déchiré par les secousses des tremblemens de terre; plus loin, la brillante végétation des plaines et le mouvement de l'industrie; des torrens bruyans et rapides qui détruisent les routes et ravagent les campagnes : tels sont les aspects qui se renouvellent dans ce voyage intéressant.

Dès qu'on a traversé le Laino, autrefois Laüs, limite de la Lucanie et du Brutium, on aperçoit la Rotonda, et l'on entre en Calabre. Cette route intérieure, au milieu des Apennins, offre assez de difficultés, sur-tout en hiver. Le Laino a des crues subites qui le rendent très-dangereux, et retardent souvent le passage. La route qui conduit de la rotonde à Castrovillari est remarquable par le *Campo-Temese.* C'est une petite plaine au sommet d'une rampe élevée, qui est soumise à une tourmente fréquente, et qui renouvelle souvent au milieu de l'été toutes les rigueurs de l'hiver. Les anciens avaient signalé cet horrible passage qu'ils croyaient habité par un mauvais génie. Quand ils citaient un lieu de difficile accès, il ajoutaient, comme par un sinistre présage, *aderit genius Temesis* (1). Les insurgés profitèrent avec succès de l'avantage de cette position qui repose sur d'affreux précipices.

A quelques milles de Castrovillari, ville longue et étroite, et près de Cassano, est l'emplacement de Sybaris, situé à l'embouchure du Coscyle et du Chratis, dans la mer Ionienne (2). C'est des hauteurs du

---

(1) Vous y verrez le génie de Témèse.
(2) *Ionienne, Adriatique,* sont les noms qu'on donne à la Méditerranée, suivant sa position. Elle prend celui de mer de *Tyrrhène,* sur la côte opposée.

bourg de Francavilla qu'on découvre la plaine où dominait cette ville célèbre. Les Crotoniates, jaloux de sa puissance et de ses richesses, après l'avoir détruite, firent inonder ses ruines par les eaux réunies des deux fleuves qui ont dispersé ses derniers débris.

Non loin delà étaient Héraclée, Thurium, dont il ne reste aucune trace.

L'Apennin à la droite de Castrovillari, et plus près de la Méditerranée, offre des aspects horribles. Les Français se souviendront des vallées obscures et profondes d'Orzo-Marzo, de Papasidero et du Castel-Brancaccio, où les brigands, défendus par l'*impraticabilité* des lieux, avaient trouvé un abri contre les colonnes mobiles et l'impunité de leurs crimes.

Après Castrovillari, et en cotoyant le Chratis, on arrive à Cosenza (Consentia), capitale de la Calabre citérieure, en passant par Tarsia, et laissant Montalto sur la droite. Le point de vue de ces deux bourgs est des plus pittoresques, et offre les scènes variées des nombreux détours du Chratis et des collines qui le bornent. Ce fleuve, qui roule depuis tant de siècles sur cette terre classique, n'a pas perdu son premier nom. Il traverse Cosenza, et y laisse des lagunes qui en rendent le séjour dangereux dans les temps chauds. C'est dans les fanges du Chratis qu'on découvrit, dans le 15e siècle, le corps d'Alaric renfermé dans deux boucliers bien soudés. Il était mort sous les remparts de Cosenza, terme de ses conquêtes. Cosenza est une ville industrieuse et commerçante.

Non loin delà, et sur une des collines les plus élevées, sont les ruines de Pandosia, ville des Enotriens. Alexandre, roi d'Epire, vint mourir dans ses murs, comme le lui avait prédit l'oracle.

A l'est de Cosenza, où les routes cessent d'être praticables pour les voitures, est un chemin qui conduit à Catanzaro, évêché, en traversant la Syla. Les habitans de cette ville montrent de la politesse, et accueillent les étrangers. Plus près de la mer Ionienne est Squillace, qui donne son nom au golfe; c'est la patrie du célèbre Cassiodore, secrétaire de Théodoric.

La route directe de Cosenza à Reggio est coupée par des ravins profonds, et des lits de torrens qui ne permettent plus le transport de l'artillerie, ni le passage des voitures. Les descentes de Rogliano et Scigliano sont impraticables. Nicastro, qui vient après, est le *Neucastrum* des anciens. Monte-Leone, élevé sur les ruines de l'antique *Hyponium* ou *Vibbone*, était pendant la guerre le quartier-général de l'armée française. Les habitans sont commerçans et manufacturiers. Six milles plus loin, paraît Mileto, où le prince de Hesse-Philipstadt fût battu par le général Régnier. On voit ensuite Seminara, célèbre par les ruines de *Taurianum* et la défaite de d'Aubigné en 1503, où il avait été vainqueur huit ans auparavant; Palmi, jolie ville près de la mer; Scylla ou Sciglio, si chanté par les poètes, et dont le gouffre n'est fameux que par leurs fictions; enfin, Reggio d'où l'on s'embarque pour la Sicile. Les forêts d'orangers et de citronniers qui parfument les environs de Reggio, rappellent les Hespérides des anciens, et en rendent les approches et le séjour délicieux.

Depuis Cosenza jusqu'à l'extrémité de la Calabre, la route par Monte-Leone et Reggio est la plus fréquentée, et cependant elle n'est commode que pour les gens de pied ou à cheval. L'hiver, elle n'est pas exempte de dangers, sur-tout de Rogliano à Nicastro. Pendant la guerre, les transports de l'artillerie se sont en partie faits par mer.

On peut juger, par cet aperçu, de la nature des chemins de l'intérieur de l'Apennin. Ce défaut de communication, produit par la difficulté des routes, n'a pas peu contribué à arrêter les progrès des arts et de la civilisation dans cette partie du royaume de Naples. Les habitans de la côte seuls, ayant par la mer des rapports plus fréquens avec la capitale et avec les étrangers que le commerce attire chez eux, sont beaucoup plus traitables, et diffèrent totalement des peuplades de l'intérieur.

CARACTÈRE. — MOEURS. — INSURRECTION.

Les mœurs, le caractère des nations ont, comme la nature, leurs époques, leurs révolutions. Le temps promène tour-à-tour la célébrité ou l'oubli sur les empires. La Calabre, autrefois refuge des beaux-arts, où les Sages de la Grèce avaient des écoles, et qu'habitait le peuple le plus éclairé de l'Europe, est aujourd'hui l'asile de l'ignorance et de la superstition.

Peu jaloux de leur origine, les habitans

de cette province végètent dans une entière indifférence et dans la plus complète inertie. Abandon coupable de soi-même, qui met ces peuples en arrière de trois siècles des nations plus policées. Ce sont les sauvages de l'Europe.

Ce n'est pas qu'il n'y ait en Calabre des classes éclairées, quoique peu nombreuses, et qui ont fourni dans les armes, les lettres et la législation des hommes dont l'histoire conservera les noms. Mais l'habitant poli de Catanzaro, de Cosenza ou de Reggio n'est pas le Calabrais. C'est au milieu de ses bois, dans le sein de ses montagnes qu'il faut le chercher. C'est dans la profondeur de la Syla, sur les escarpemens de ses rochers, qu'on retrouve le type national, et ce caractère si distinctif dans la province même.

Les Calabrais ont l'œil vif, le regard perçant; ils sont vigoureux, le plus souvent de moyenne stature, et le sexe y est moins beau que dans le reste de l'Italie. Il est rare de rencontrer de beaux teints ; mais les traits des femmes sont généralement réguliers, et leur physionomie pleine de mouvement et d'expression.

La nature des lieux, les habitudes de l'enfance et la chasse, qui est une de leurs occupations favorites, endurcissent de bonne heure les Calabrais à toutes les fatigues ; ils sont bons marcheurs et d'une sobriété remarquable. Pendant les marches les plus longues on les voit se contenter de quelques morceaux de biscuit et d'olives sèches. Ils préfèrent les liqueurs fortes au vin.

Le langage d'action est usité parmi eux ; il est très-expressif, et cette pantomime est plus prompte et aussi intelligible que la parole.

L'idiome calabrais est à la langue italienne épurée ce que le provençal et le gascon sont à la langue française : c'est un jargon déréglé qui change avec les

2*

lieux ; il est ou guttural ou nasal dans un excès intolérable. Il y entre beaucoup de latinisme et de grécisme ; le reste est de l'italien très-mutilé. Leur langue a fait comme leurs mœurs, qui tiennent encore de la barbarie des premiers temps.

L'influence d'un climat échauffé par un soleil brûlant, l'air salubre et plus raréfié des montagnes, donnent aux Calabrais cette promptitude de conception, cette pénétration vive qui semble leur être plus particulière qu'aux autres habitans du royaume de Naples. Ils sont spirituels, forts en réparties, et seraient propres à l'étude des lettres.

La profonde ignorance qu'on remarque dans les basses classes, le peu de lumières des classes plus élevées, doivent leur origine au despotisme des *presidi* (préposés) et au système féodal. Je dirai même que l'insouciance des anciennes dynasties n'y a pas peu contribué; car il est étonnant que cette province ait été si long-temps négligée avec la connaissance des ressources qu'elle pouvait offrir.

Sans communications entre eux, séparés par familles, il n'est pas rare de trouver des villages assez nombreux dans la parfaite ignorance des usages et des commodités de la vie. Cet abrutissement était entretenu par ces préposés qui, pour affermir leur puissance éphémère, s'opposaient de toutes leurs forces à ce que les Calabrais sortissent de cette apathie dont ils tiraient un si grand profit. Les moines, répandus avec profusion dans cette province, classe plus éclairée, abusaient de leur influence pour arrêter les progrès des lumières qui l'eussent ou diminuée ou détruite.

Abandonnant leur maison aux femmes qui en supportent le détail, on les voit promener sur les places l'oisive nonchalance qui les caractérise. Dans les classes subalternes, le sexe est seul livré aux travaux les plus rebutans, et les maris vont engloutir dans les tavernes le faible prix de ces pénibles corvées.

Les Calabrais sont fort intéressés. Ce défaut détruit chez eux toute franchise et toute élévation. Subtils, défians par nature, et par-là même, faux et louangeurs.

Comme tous les peuples peu civilisés, ils sont hospitaliers; mais les durs traitemens qu'on leur a fait essuyer depuis la guerre, ont détruit chez eux cette vertu si peu commune.

Ils portent à l'excès la persévérance dans les passions; amis constans, mais ennemis barbares, la haine est chez eux ineffaçable; le temps l'irrite et la nourrit: c'est à ce sentiment indigène que sont dus en partie les malheurs qui ont affligé cette province.

Leur fureur pour les jeux de hasard est poussée à l'excès. Peu soigneux de leur personne, leur malpropreté est excessive. Il est assez ordinaire de voir animaux et maîtres pêle-mêle dans la même habitation. Cette négligence pour un objet qui intéresse autant la santé, engendre les sales maladies qui les affligent.

L'observateur étonné ne peut plus reconnaître dans les dégoûtans habitans de quelques chétives bourgades, un peuple jadis industrieux et guerrier, et dont les lumières nous laissent tant de souvenirs.

Sur leurs places publiques, où ils passent dans l'immobilité une partie de leur journée, quand le jeu ne les rassemble pas; au sein de leurs réunions joyeuses même, les Calabrais sont toujours armés : le stylet ne les quitte jamais ; c'est l'arbitre des différends et l'éternel instrument de la vengeance.

Il y a parmi eux, et ceci pourrait s'étendre plus loin, plus de superstition, plus de singerie que de véritable foi. Tel se fait un crime de se dispenser d'une messe ou d'un jeûne, qui devient sans scrupule perfide ou meurtrier.

Rien de plus indécent que la licence de quelques-uns de leurs prêtres ; ils hantent les lieux publics, se mêlent à tous les jeux, et ne craignent pas d'afficher leur conduite crapuleuse. D'un intérêt sordide, on pourrait en citer tels, qui étaient les vils colporteurs du libertinage; leur habit leur servait de prétexte et d'abri. On trouve fréquemment de pareils exemples dans plusieurs parties de l'Italie, où il paraît que cette classe, d'ailleurs si respectable, est moins scrupuleuse dans ses actions. Ce n'est peut-être qu'un défaut de formes chez elle; mais on doit ménager les apparences.

Le culte catholique est le culte dominant; cependant le rite grec est toléré, et administré par des prêtres albanais qui y ont émigré jadis avec leurs colonies, et se sont dispersés dans les Calabres, où ils ont conservé leurs mœurs et leurs usages. C'est depuis l'expédition de Scanderberg, qu'il y a des établissemens d'Albanais réfugiés dans le royaume de Naples, après la mort de ce conquérant. Ils ont de grands rapports avec les Calabrais, pour le fond du caractère; ils sont défians et menteurs comme eux, et détestent les étrangers. Industrieux d'ailleurs, ne manquant pas d'énergie, on les distingue par l'élégance de leurs formes, leur propreté et la recherche de leur costume : chose peu commune en Calabre.

Pour faire des Calabrais de bons soldats, il faudrait les éloigner du sol natal. La crainte d'être arrachés de leurs foyers a fait beaucoup de brigands; et une des grandes opérations de Murat est certainement la facilité avec laquelle il introduisit et utilisa la conscription dans ce royaume; sa garde était fort belle, et les régimens napolitains qu'il créa, malgré leur prodigieuse désertion, ont rendu des services aux armées d'Espagne et du Nord. La popularité de ce nouveau chef, ses jactances et son charlatanisme avaient captivé un peuple habitué aux rodomontades espagnoles. Les Napolitains furent plutôt entraînés que séduits ; et cet engouement apparent pour Joachim devait s'évanouir avec sa fortune.

Sans être amoureux de leurs femmes, qu'ils repoussent sans cesse, les Calabrais en sont jaloux : ce qui tient plus à l'amour de la propriété qu'à celui de la personne. Soustraites de la société, livrées aux détails domestiques, les femmes contractent une gaucherie et un défaut de manières qui tiennent au vice de la civilisation. Le mariage, au lieu de les rendre au monde, les en détache pour toujours, et les enchaîne aux volontés tyranniques d'un maître qui ne voit en elles qu'une acquisition utile.

Cette clôture si longue et l'abandon auquel le sexe est réduit, lui fait souvent rechercher tous les moyens de s'y soustraire. Ardentes, mais craintives, les femmes nourrissent en secret le feu qui les dévore : c'est en vain qu'elles veulent le céler à des yeux pénétrans ; il éclate dans la langueur de leurs regards, dans leurs fréquens soupirs et dans leurs larmes.

Ces associations se ressemblent toutes ; par-tout le même intérieur : un mari despote et froid ; une femme triste et tremblante ; une famille réunie par les besoins, et non par les affections ; parmi les mâles, un prêtre ou un avocat ; parmi les femmes, la *monaca di casa* (1), beaucoup de défiance et de dureté : voilà le fond de tous les ménages calabrais.

Un mariage, une mort, la naissance d'un enfant réunit des parens qui ne se rapprochent que par occasion. Chacun se fait précéder de son plat, et le repas se fait en commun. On jette des pois chiches, on tire des pétards sous les fenêtres des nou-

---

(1) Mot à mot, la religieuse de maison. C'est une femme qui a fait des vœux, mais qui ne vit pas au couvent.

veaux mariés. On voit des pleureuses à gage à la suite des enterremens, s'arracher les cheveux, et pousser des cris lamentables. Restes imparfaits des coutumes anciennes.

Il n'est pas rare de voir dans cette province, comme en Corse et en Sicile, des haines héréditaires qui ont les suites les plus funestes, et qui perpétuent en quelque sorte les crimes dans les familles.

Avant l'intromission des lois françaises, on obéissait au droit écrit. Delà, ces disproportions de fortune dans les familles, cette foule de cadets, et tant de vocations forcées.

Horace et Strabon ont reproché aux Calabrais une passion infame *(amoris insanes caprini).* Si elle existe encore, on en voit peu d'exemples, et cette brutalité se cache dans le fond des bois et des antres de l'Apennin. Un reproche plus fondé, c'est l'indécence repoussante d'un vice non moins outrageant pour la nature et les mœurs, dont bien des classes sont souillées, et qu'elles n'ont pas honté de rendre publique; ce qui met le comble à la dépravation.

Ils ont une espèce de mélodie nationale, que les sons de la rauque zampogna (musette) accompagnent. Ils traînent longuement leurs dernières intonations, ce qui en rend l'effet peu supportable, si on les entend de près; mais il devient assez piquant, répété la nuit par l'écho des montagnes.

Leurs chansons, comme celles des Siciliens, ont de l'originalité; le fond, le plus souvent obscène, est toujours le même, et la poésie dans leur idiome, quoique gaie, est de mauvais goût.

Leur *Pecorara*, espèce de danse à caractère, malgré sa singularité, est pleine de graces, et les Napolitains n'ont pas dédaigné de transporter dans leurs salons ce ballet-pantomime, où le Calabrais développe toute l'éloquence du langage d'action.

Les maisons en Calabre sont généralement mal bâties, sans ordre, sans élégance et sans intelligence pour la commodité intérieure. Il y a cependant quelques casins épars, bâtis plus récemment et dans un meilleur goût. Pendant le temps des tremblemens de terre, les habitans se réfugient dans leurs baraques, espèce de maisons en bois sur pivots mobiles, pour affoiblir l'effet des secousses dans les lieux élevés.

Il n'y a point d'auberges sur les routes, à moins qu'on ne veuille appeler ainsi quelques misérables cabarets enfumés, où l'on vend chèrement un sale asile et un mince repas. Depuis l'entrée des Français, les villes principales offrent plus de ressources dans ce genre aux voyageurs. Jusques-là les postes même étaient fort mal servies, et l'on trouvait à peine aux relais le plus strict nécessaire.

Ce n'est que depuis peu qu'on s'occupe de la propreté des rues, où les habitans accumulaient leurs dégoûtantes immondices. Aussi un grand nombre de leurs bourgs ressemblaient-ils moins à des lieux habités qu'à des cloaques impurs.

Il faut croire que l'influence d'un Gouvernement éclairé, et les rapports qu'ont les Calabrais avec la partie policée du royaume et les étrangers, corrigeront ces mœurs grossières et cet oubli social. Ce changement se fera bien lentement sentir, si l'intérieur reste dans le même état. Il faut à cette espèce d'hommes des rapprochemens plus multipliés, des routes et du commerce.

A Cosenza, Reggio, Catanzaro, Tropea, Monte-Leone, etc., on a pris le goût des réunions. Delà, celui du luxe personnel, et moins de réserve et de rudesse. Mais quelques villes principales ne font pas l'ensemble de deux provinces, et leurs habitans forment pour ainsi dire une espèce à part.

Quelques personnes ont parlé des Calabrais trop légérement; ce jugement leur paraîtra peut-être sévère. C'est qu'elles n'ont envisagé ces contrées que d'après leurs intérêts particuliers : voyant en beau quand elles se trouvaient bien; donnant dans l'excès contraire quand leur position changeait. Il leur était effectivement difficile, ne résidant que dans les chefs-lieux de province, attachées aux autorités civiles et aux administrations, toujours fixés dans les meilleurs cantonnemens, et bien escortées dans leurs courses, de mieux connaître les Calabrais. Il faut du temps et des recherches pour bien asseoir son opinion, et un ouï-dire ne suffit pas. Mais les militaires que leurs devoirs ont appelés au milieu des Apennins, qui ont fouillé ses antres, et pénétré dans l'épaisseur de ses bois, n'ont pu reconnaître dans l'hôte demi-brut de ces montagnes l'habitant affable de Catanzaro ou de Reggio. C'est en portant l'œil de l'observation sur cette race sauvage, qu'on peut prendre, pour ainsi dire sur le fait, le caractère qui la distingue.

-Je suis loin de refuser à cette espèce même, des vertus qui feraient honneur aux peuples les plus policés. Les Français qui ont su alléger le joug de fer dont ils ont souvent abusé, ont trouvé dans quelques familles calabraises de l'hospitalité, des soins, et une constance d'affection à toute épreuve.

Les défauts qui tiennent au peu de progrès de la civilisation, n'ôtent rien aux qualités qu'on rencontre dans les Calabrais. Leur énergie dans les passions leur a donné une attitude avantageuse dans les dernières révolutions du royaume de Naples. En 1799, ils embrassèrent avec ardeur la cause de leur Roi, et la défendirent avec opiniâtreté. Souffrant impatiemment un Gouvernement illégitime, ils ne cédèrent jamais entièrement à son influence. On les vit tour-à-tour organisés en masses réglées, ou en bandes errantes, lutter pour le parti du Roi, se multiplier par leurs revers; et étonnant des armées qui payaient cher un triomphe incomplet, prouver avec l'Espagne que la persévérance et la fidélité donnent des armes au courage.

Il importe donc de séparer avec soin la Calabre insurrectionnée, de la Calabre en proie à des bandits sans vocation; le peuple armé pour son Roi, du brigand fléau de l'humanité.

Quand l'incendie révolutionnaire menaçait d'embraser l'Europe, la reine Caroline de Naples, épouvantée du meurtre de sa sœur, appelait à grands cris des vengeurs, et son époux Ferdinand entra dans la coalition des Puissances pour défendre la querelle des Rois. En vain, il voulut s'opposer aux progrès des Français dans l'Italie méridionale. Son armée, dont, avec moins de précipitation et plus de prévoyance, on eût pu tirer un si grand avantage, fut battue et dissipée devant Rome. La Cour se réfugia en Sicile, et laissa Naples aux vainqueurs. C'est alors que se forma, au milieu de la fermentation des partis, cette république à contresens, qu'on nomma Parthénopéenne. Parodie méprisable de notre anarchie, mais accompagnée comme elle de sanglans épisodes. Forcés par les progrès des Austro-Russes à rassembler leurs forces dans la haute Italie, les Français évacuèrent Naples; et les Calabrais, réunis sous les étendards du cardinal Ruffo qui les avait insurgés pour la cause du Roi, dictèrent des lois à la capitale en dépit du parti républicain, et y ramenèrent Ferdinand.

Les nouveaux succès des Français en Italie obligèrent le roi de Naples de leur ouvrir ses ports, qu'ils abandonnèrent bientôt pour s'opposer aux armées autrichiennes; mais la victoire d'Austerlitz ne laissant plus d'entraves à Buonaparte en Italie, il réalisa le projet qu'il nourrissait depuis long-temps d'envahir le royaume de Naples. Il prétexta, pour colorer cette invasion, l'infraction du traité de 1801 et l'entrée des Anglo-Russes dans le royaume. Le décret fulminant de Schœnbrun contre les Bourbons de Naples, fut immédiatement suivi du départ de Massena et de Joseph pour l'Italie méridionale. Ferdinand prévit l'orage que ses négociations ne purent détourner. Obligé de transférer à Palerme le siége du Gouvernement, il laissa le Prince héréditaire dans le royaume pour s'opposer aux Français. Quelques garnisons furent jetées dans les places fortes. Le prince de Hesse-Philipstadt défendit Gaëta, si importante par sa position.

Les Anglais placèrent des détachemens dans les forts de Reggio et de Scylla. L'armée royale se concentra en Calabre, où le parti du Roi avait trouvé des défenseurs, et s'accrut bientôt des nouvelles masses qui, déjà si redoutables sous les étendards de Ruffo, devaient encore se faire craindre sous le commandement de Rodio.

Cependant l'armée de Massena s'emparait de Pescara, Capoüe et des forts de Naples, dès le commencement de 1806. Mais Gaëta repoussait la sommation de Régnier, et se défendait avec vigueur.

La Calabre, où les masses dissoutes par le Roi s'étaient de nouveau ralliées, présentait un foyer d'insurrection inquiétant pour les vainqueurs. Toute la province en armes s'était réunie autour de son Prince.

Joseph, trompant l'espoir des républicains pour s'élever sur leurs débris, s'était fait couronner roi de Naples et de Sicile. Son conseil prit des mesures pour assurer cette domination nouvelle, dont la force assurait les droits. Massena pressa le siége de Gaëta, Régnier fut envoyé en Calabre pour dissiper les insurgés, et Duhesme éclaira les côtes de l'Adriatique. Régnier, qui devait se porter sur Reggio par la route directe, rencontra l'armée royale au Campo-Temèse. L'action s'engagea dans la vallée de San-Martino, où les corps royaux et les masses s'étaient réunis sous le commandement du comte Roger de Damas. Malgré les efforts et la bravoure personnelle de son chef, cette armée ne soutint pas le choc des Français et fut mise en déroute. Roger de Damas en réunit les débris, et, de concert avec Rodio, se borna à inquiéter la marche des troupes françaises, en leur disputant pied à pied le terrain dans un pays d'un accès difficile.

Le Prince héréditaire étoit parti pour la Sicile après le désastre de Campo-Temèse. Les masses résistaient avec vigueur aux colonnes envoyées à leur poursuite, et lassaient l'intrépidité française. Gaëta, après une honorable défense, capitula le 18 juillet 1806; mais les forts de Scylla, Camarotta et Reggio, tenaient encore. Philipstadt, blessé pendant le siége de Gaëta, était en Sicile. Une division anglaise s'empara de Capri et débarqua des troupes dans le golfe de Saint-Euphémie. Régnier, par un mouvement mal prévu, quitta les hauteurs de Mayda, où sa position était excellente, pour attaquer la division anglaise dans la plaine. Il fut complètement battu. L'insurrection, ranimée par cet échec, fit de nouveaux progrès. Régnier, coupé dans ses communications, fut contraint de rétrograder sur Rossano, et les Calabrais acharnés, massacrèrent sans pitié tous ceux qui, s'écartant des colonnes, tombèrent entre leurs mains.

A la nouvelle de la défaite de Régnier à Saint-Euphémie, les deux Calabres furent déclarées en état de guerre. Massena partit avec de nouvelles forces, et Joseph se joignit à lui, pour donner son nom à cette expédition. Les deux partis luttèrent de fureur. Des villages, des bourgs furent incendiés sur de légers prétextes. Des détachemens entiers furent massacrés par les insurgés.

Régnier s'était réuni à Massena près de Laoria. Il s'en sépara pour suivre l'Adriatique. Il prit Crotone. Verdier s'empara du château d'Amantea, et Lamarque du fort Camarotta, qui fit plus de résistance.

Les Anglais, commandés par Sydney-Smith, avaient rappelé leurs détachemens après les avantages des Français, se réservant Reggio et le fort de Scylla. Massena s'était retiré, croyant la province réduite; mais l'armée royale voulut tenter un nouvel effort. Réunie par le prince de Philipstadt, elle marcha sur Monte-Leone. Le général Régnier, d'abord en retraite simulée, reprit l'offensive, mit en déroute cette armée, et répara son échec de Mayda le 28 mai 1807, au plateau de Mileto. Il se dirigea ensuite sur Reggio, tandis que Saligny protégeait le centre des Calabres (1).

C'est à cette époque qu'il faut placer la dissolution des masses; car l'armée royale

---

(1) Nous dirons indifféremment, dans le cours de la Notice, *la* ou *les* Calabres; puisque, dans le fait, cette partie du royaume forme deux provinces bien distinctes.

une fois dissipée, tout ce qui échappa au vainqueur se réfugia en Sicile, avec les chefs reconnus par le Roi; et la prise de Reggio et de Scylla en 1808, assura la domination des Français. Mais ils ne jouirent jamais entièrement de leur conquête. L'insurrection étouffée laissa encore échapper quelques étincelles; et quoique présentée sous des formes odieuses, donna souvent des inquiétudes et des entraves aux vainqueurs.

Il ne faut donc pas confondre les masses ou bandes avec ce que l'on a depuis nommé *les brigands*. Celles-là comptaient comme corporation armée; l'esprit de parti les animait et le réunissait, et on les a vues, sous Ruffo et Rodio, avouées par le Roi, le ramener ou le défendre. La plupart des chefs qui les commandaient rentrèrent en Sicile après la déroute de Mileto et la prise des forts; c'était-là que reposaient leurs espérances et leur fortune.

Le reste, en assez grand nombre, se

dispersa en Calabre, cherchant un refuge dans les forêts et dans l'obscurité individuelle qui l'environnait.

De tout temps les gorges et les bois de l'Apennin servaient d'asile aux mécontens, aux malfaiteurs et à ceux qui s'étaient soustraits au glaive de la justice. Les *Presidi* n'avaient jamais entièrement purgé la province de ces *Fuor-usciti*, soit par défaut de moyens, soit par manque de volonté. Ces bandes errantes furent tout-à-coup augmentées par les débris des masses restées sans guide; par ceux que l'appât du gain, l'espérance de l'impunité ou des vengeances particulières engagèrent à courir les mêmes hasards. Encouragés par leur nombre, ces misérables se créèrent des chefs, se subdivisèrent en hordes réglées, et mirent long-temps à contribution les provinces où régnèrent la désolation et l'horreur. Cette contagion se répandit dans les Abruzzes et dans la Pouille, qui furent en proie aux mêmes désordres; mais ils durèrent moins de temps que dans les Calabres, où leurs progrès furent rapides.

La Calabre était occupée par les troupes françaises. La lutte n'était plus égale, et le parti du Roi, comprimé par les événemens, attendait dans le silence une occasion. Ce serait donc mal à propos qu'on voudrait décorer du nom d'esprit de parti cette odieuse frénésie; elle n'a jamais eu d'autres ressorts que la crainte du châtiment pour les uns; l'oisiveté, la vengeance pour les autres; et en général, l'espérance d'une fortune rapide fondée sur la terreur.

Indifférens à tous les partis, ils n'étaient ni les défenseurs du roi Ferdinand, ni les ennemis des Français. Ils attaquaient l'habitant comme l'étranger, par-tout où ils comptaient sur l'avantage. Car tout devient proie pour qui est avide de tout. Fuyant le danger, se cachant devant les partis nombreux, ils rançonnaient cruellement leurs victimes. Les refus étaient punis de mort, ou expiés par de longues souffrances. L'enfance même n'était pas à l'abri de leur fureur. Instrumens de destruction, les Calabrais devinrent le fléau des Calabrais.

Aucun chef, aucun personnage de nom n'en fit partie. Ce n'était pas, comme en 1799 ou en 1805, une Vendée napolitaine; mais le ralliement d'une populace forcenée. C'est en vain que la haine des partis a voulu tacher la mémoire de la reine Caroline : courageuse et irréconciable ennemie de notre désastreuse révolution, c'est faussement que quelques obscurs folliculaires l'ont accusée d'avoir fomenté le brigandage en Calabre. Fière dans ses revers, défendant ses droits avec énergie, cette Princesse repoussa toujours des moyens indignes d'elle; et la Cour de Palerme n'avoua jamais de tels partisans. Ce n'est pas qu'on ait remarqué de l'audace parmi quelques chefs de ces barbares, et une sorte de férocité stoïque, louable, si elle eût été mieux employée. Mais la peur de la mort et l'amour de la vie, furent le partage du plus grand nombre. Liés entre eux par des forfaits communs, soit anciens, soit nouveaux, les mêmes craintes les affermissaient dans le crime. Ils ne se trahissaient jamais. Cruels et insolens avec leurs victimes, lâches et supplians devant leurs vainqueurs.

Ils pullulèrent sous le Gouvernement de Joseph, dont l'insouciance et les amnisties leur apprirent à mépriser le pouvoir. La mollesse d'exécution qui signala ce règne, avait beaucoup encouragé cette association criminelle, et le brigandage était devenu en quelque sorte un métier. Souillé d'un meurtre volontaire, un Calabrais abandonnait son village et se présentait à une bande qui l'accueillait avec transport; car son crime était à la fois le gage de sa fidélité et le titre de son admission.

Aussi facilement unis que dispersés, protégés par leurs relations et la connaissance des lieux, ils donnaient peu de prises aux colonnes mobiles. En multipliant les autorités militaires, Joseph introduisit autant de plans différens où il n'en fallait qu'un bon et dirigé par un même esprit. Aujourd'hui, des graces ridiculement accordées; demain, une rigueur déplacée. Admis l'hiver à l'indulgence royale (*indulto*), les brigands venaient jouir dans leurs foyers du fruit de leurs rapines, et se remettaient en campagne à l'entrée du printemps, la honteuse facilité du Gouvernement leur garantissant un nouveau pardon.

En gardant des ménagemens avec de pareils coupables, on étendait les racines d'un mal qu'il fallait couper dans le vif; et l'indulgence pour le crime est elle-même une coupable faiblesse.

Divisée en *circondaires*, gouvernée militairement, la Calabre, malgré ce nombre effrayant de commandans supérieurs et subalternes, ne jouissait d'aucun repos.

Pourquoi, au lieu de tâtonner si long-temps entre le juste et l'arbitraire, ne laissait-on pas, dès le principe, de pleins pouvoirs à un général habile et désintéressé, qui eût seul dirigé les opérations et mis en usage une fermeté sage et soutenue.

Les généraux Mathieu Dumas, Régnier, Partouneaux, ne restèrent pas assez long-temps dans ce royaume. Ils avaient des vues saines et étaient à l'abri des séductions. Leurs pouvoirs furent ou limités ou balancés. Le système militaire, trop étendu quand il était moins nécessaire, fut peut-être trop entravé quand il devint plus utile.

Les brigands étaient devenus plus nombreux, plus entreprenans, et on mettait leur tête à prix, comme s'il n'y eût plus alors que l'appât du gain pour engager à les détruire. Mais on n'en fut pas plus avancé; car les commandemens par districts et par provinces, semblaient être la loterie de ces autorités salariées pour ne rien produire, où chacune jouait à coup sûr quand le Gouvernement seul pouvait y perdre.

Tranquillisé par des rapports infidèles, Joseph s'endormait dans une perfide sécurité, tandis qu'une poignée de bandits bravaient impunément son pouvoir. On persuade facilement que tout est bien, à ceux qui n'aiment pas à s'armer d'énergie pour prévenir le mal. Plongé dans les plaisirs, s'étourdissant sur les affaires, ce n'était pas avec de semblables dispositions que Joseph pouvait soutenir d'une main ferme les rênes de l'Etat. Il crut les provinces calmées, parce qu'on lui dit qu'elles l'étaient. Il se crut aimé, parce qu'il aurait voulu l'être. Il jouissait; il crut régner. Fantôme de roi, instrument de son frère, aussi peu administrateur que guerrier, il prouva aux Napolitains qu'il n'avait qu'un vain nom, et ne fut, comme le disaient ces peuples, qu'un *Lazaroni* sur le trône.

Le dégoût, le mécontentement naquirent avec son Gouvernement; les abus en tout genre l'accompagnèrent. La justice ne commanda pas toujours les persécutions exercées contre les familles des fugitifs. La cupidité, l'arbitraire en furent souvent les conseillers et les motifs. On a reproché à quelques personnages saillans à cette époque, une avidité aussi condamnable par son but, qu'horrible dans son exécution. Joseph avait prodigué les pouvoirs pour bien faire; mais le mal s'accrut avec le remède. On regardait cette Calabre comme une terre promise où la faux des conquêtes n'avait pas moissonné, et qui offrait de promptes et d'abondantes récoltes. Comme en Espagne, des fortunes s'élevèrent sur les débris des bourgs, des habitations incendiées : désordres inséparables de cet esprit d'invasion et de pillage, si voisin de la démoralisation. Ces exemples sont de tous les temps et chez tous les peuples; car pour la multitude que ses passions entraînent, la civilisation est toujours au point de départ.

Joseph quitta enfin le royaume de Naples, et porta en Espagne sa fortune et sa nullité. Murat vit avec effroi les provinces en proie à cette peste morale qui durait encore en 1810, et prit des mesures plus actives pour en arrêter les ravages. Son début fut heureux; et le coup de main qui l'assura de l'île de Capri, la réforme et la marche plus réglée des pouvoirs, firent concevoir des espérances. C'était la crise après l'agonie. Ce nouveau Roi sembla avoir pris à cœur les intérêts d'un royaume qu'il espérait gouverner un jour sans tutelle. On vit de la sévérité de plus, et quelques abus de moins ; c'était beaucoup alors.

A son entrée dans le royaume, peu de forces contenaient les provinces. Les brigands, enhardis par la débonnaireté de Joseph, usaient d'horribles représailles, quand ils en trouvaient l'occasion. On avait employé la ruse pour les attirer dans des piéges : quelques-uns y furent pris; mais le reste en était devenu plus audacieux et plus féroce. Un faible corps d'armée trop dispersé produisait peu d'effet, et le brigandage étendait encore des racines.

Pour éviter les lenteurs interminables de son prédécesseur, Joachim donna carte blanche à un de ses aides-de-camp, le général Manhès, à qui l'on doit le calme de ces provinces.

Cet officier, attaché à l'état-major de Murat dans le duché de Berg, le suivit dans sa nouvelle fortune, devint son aide-de-camp; et passa, comme par un songe, des grades inférieurs à celui de lieutenant-général, commandant supérieur des Calabres.

Tenace dans ses résolutions, fermant l'oreille à la pitié, Manhès, par la sévérité de ses mesures, par la nouveauté des châtimens, était devenu l'effroi des Calabres.

On ne l'a pas vu céder à l'appât des trésors; car on lui doit cette justice, qu'il ne ménagea personne dans ses proscriptions. Fidèle au système de Murat, il entraîna

4*

avec les brigands une portion de ceux dont la foi lui était suspecte; et, par son activité persévérante, finit, en moins de six mois, ce que d'autres n'avaient qu'ébauché en six ans.

Convaincu du peu de succès des colonnes mobiles, dont les opérations demandaient plus de monde et trop de temps, c'est en employant les citoyens eux-mêmes qu'il est parvenu à son but. Opposant la ruse à la ruse, il combattit les brigands à armes égales, et leur enleva leurs dernières ressources, c'est-à-dire, ou la faiblesse ou la connivence des habitans. Car on a pu s'apercevoir que les propriétaires, aimant mieux capituler avec les brigands, que de s'exposer par leurs refus à des dévastations continuelles, ceux-ci obtenaient facilement, par leurs menaces, des refuges et une subsistance assurée, sans redouter la révélation d'un secret dont la découverte eût été fatale aux uns comme aux autres. Funeste intelligence, qui accrut les progrès d'un mal qu'une première opposition aurait peut-être prévenu.

Manhès, après s'être assuré, commune par commune, du nombre des brigands en campagne, fit suspendre les travaux des champs. Travailleurs et bestiaux furent réunis dans les bourgs, sous la protection des troupes régulières, et la peine de mort fut décrétée contre tout individu qu'on surprendrait dans les campagnes avec des vivres, et sans faire partie des colonnes armées.

Les principaux propriétaires reçurent l'ordre de s'armer et de marcher, et répondirent, nombre pour nombre et tête pour tête, de ne rentrer dans leurs foyers qu'en présentant, vifs ou morts, les brigands de leurs communes respectives.

On ne vit plus dans les bois, dans les montagnes que les troupes urbaines ou les brigands; les plus faibles durent céder. Poursuivi par la faim, par le feu des colonnes mobiles, le plus grand nombre des fugitifs laissa la vie en la vendant chèrement. Le reste de ces misérables, réduit aux dernières extrémités, se rendit volontairement, préférant une mort assurée, mais prompte, aux cruelles et longues angoisses de la peur et de la faim.

Les prisons en furent remplies, et des tribunaux s'élevèrent pour juger des crimes et séparer les classes. On saisit, sur l'aveu des coupables, les habitans qui avaient eu des rapports avec eux. Mesure dangereuse et délicate, qui pouvait entraîner de funestes méprises.

On en fusilla une quantité prodigieuse. Les têtes, les membres des condamnés furent, après leur exécution, fixés à des piquets, et la route de Reggio à Naples fut marquée par ces dégoûtans trophées.

Ce que l'on épargna fut enrégimenté. Quelques corps napolitains, formés depuis cette expédition, étaient composés de ceux que les juges avaient absous. On les dirigea sur les armées du nord ; mais leur réputation les avait tellement devancés, qu'ils portèrent la consternation sur leur passage. Pour prévenir les effets de leur étonnante désertion, on les fit suivre par des colonnes de troupes françaises. La déplorable consommation d'hommes, dans ces désastreuses campagnes, ne laissa pas aux Calabrais le temps de faire oublier leur effrayante renommée.

Les cadavres de beaucoup de brigands furent trouvés dans de vieilles tours, sous des masures abandonnées. C'est là qu'assiégés par la terreur et les besoins, ils avaient été surpris par l'agonie et la mort.

On avait accumulé un si grand nombre des accusés dans la prison de Castrovillari, espèce de tour étroite et mal saine, que l'infection, le mauvais air et la négligence des gardiens qui n'osaient plus s'en approcher, firent périr beaucoup de ces malheureux, dont les cadavres restaient plusieurs jours sans être retirés. Nouveau cimetière où les vivans, confondus avec les morts et presque aussi hideux, n'en différaient que par le sentiment des souffrances.

Le Chratis, sur les bords duquel on avoit exécuté une foule de ces victimes, et dont le lit à Cosenza a peu de profondeur, montra long-temps l'horrible spectacle de leurs corps mutilés.

Cette utile et dernière leçon retentit dans toutes les provinces du royaume. Comprimés par une terreur salutaire, il ne resta plus aux mal-intentionnés que des arrières-pensées sans résultat. Le négociant, le voyageur parcoururent les routes sans crainte et sans escorte, et, depuis cette époque, les brigands n'infestèrent plus les Calabres.

Ce projet n'était pas nouveau, et plusieurs généraux l'avaient entrevu; mais personne n'avait eu les pleins pouvoirs de Manhès, et les demi-mesures n'aboutissent à rien. Le plan de ce dernier fut promptement conçu et exécuté. Il est malheureux que la rigueur de ses ordres, quelquefois mal interprétés, ait atteint des innocens même, et qu'on ait eu à lui reprocher d'avoir toléré dans ses agens des actes violens, sinon arbitraires; suites inévitables des mesures prises précipitamment.

Mais il était aussi bien difficile de s'éclairer dans un dédale de dépositions et de faits, dont les témoins étaient inconnus ou éloignés. On ne pouvait transiger sans perdre beaucoup de temps, et l'on voulait hâter le succès, ou effrayer par des exemples. Motifs qui peuvent faire excuser une sévérité souvent poussée trop loin.

La tolérance a ses abus, sans doute; mais l'excès contraire est plus condamnable encore, et il faut éviter l'odieux en tout.

Depuis ce temps, la Calabre fut, comme le reste du royaume, gardée par les troupes nationales. Les troupes françaises, réunies en corps d'observation, occupèrent l'Italie méridionale. Elles n'étaient plus nécessaires, et le calme paraissait rétabli. Calme trompeur chez un tel peuple, et semblable au repos de ces volcans dont le silence même est le précurseur des plus terribles agitations.

PRODUCTIONS. — COMMERCE. — AGRICULTURE.

Si les Calabres eussent plus occupé l'attention du Gouvernement napolitain, si les routes eussent été conduites à leur fin, l'industrie y aurait pris un plus vif essor, et ces provinces feraient aujourd'hui la prospérité du royaume.

La Sicile était le grenier des Romains. La Calabre a le même sol, le même climat, les mêmes productions. Un terrain docile, réchauffé par la cendre des volcans et arrosé de nombreux ruisseaux, se prête à tous les produits. La vigne serpente par-tout, et enrichit les coteaux vantés de Diamante, de Rogliano, S. Biaggio, Gerace, Cassano, etc.

L'olivier, le figuier couvrent les collines. Des forêts d'orangers, de grenadiers, de citronniers parfument les environs de Corigliano et les marines de Reggio. Les grains de chaque espèce réussissent parfaitement ; les fruits prennent une saveur plus pénétrante qu'ailleurs et une chair plus délicate. Patrie du soleil qui la féconde, cette terre ne laisse à l'homme que la peine de recueillir ses dons.

L'huile, la soie, les fruits secs sont les objets de première industrie. Les vins, qui sont généreux et forts, souffrent difficilement l'exportation, n'étant pas assez travaillés.

Les excellens pâturages de la Syla donnent aux troupeaux une laine abondante, une chair délicate et d'excellent laitage.

Pendant l'hiver, on rassemble les bestiaux dans les belles plages du Marquisat, près de la moderne Crotone. C'est là que l'hôte de la Syla voit naître et s'accroître son industrie. Il y règne une verdure continuelle.

Æstuosæ grata Calabriæ armenta.
HORACE.

C'est en suivant ces plages, sur la route marine de Rossano à Crotone, qu'on remarque au-dessous de Cirò, petit bourg à mi-côte, le théâtre de l'engagement d'Annibal avec le consul Marcellus.

Les races de chevaux calabrais, vantées par Strabon, n'ont pas dégénéré, et leurs haras sont encore dignes de leur réputation. Le trafic des chevaux et des bêtes à laine forme deux branches lucratives du commerce des Calabrais. Les chevaux sont généralement courts et petits, ramassés dans leurs formes, et très-vigoureux. On élève aussi dans la province des mulets très-estimés pour la sûreté de leurs pas dans les chemins escarpés.

La chasse fournit aux Calabrais un grand nombre de fourrures, dont les classes pauvres tirent assez de profit. Les forêts de la Syla sont peuplées de loups, de renards, de daims, etc. Vers la côte, on trouve des sangliers et des troupeaux de taureaux sauvages.

La pêche est très-abondante sur les deux mers : on pêche le poisson *épée (pesce spada)* près de Bagnara, au-dessous du plan de la Corona. On trouve la murène dans les parages de la mer Ionienne.

Nous ne donnerons pas de détails sur le prétendu serpent monstrueux des Calabres, *le Boa*. Tout ce qu'on en a dit nous paraît au moins exagéré, sinon dénué de fondement. Il existe dans ces provinces une assez grosse espèce de serpens, et l'on ne peut fixer les dimensions que sa longévité peut donner à cet animal. Mais, pendant plus de cinq ans de séjour dans ce pays, et malgré nos recherches, nous n'avons vu, ni entendu raconter rien de relatif au reptile énorme dont quelques naturalistes ont fait mention.

La manne calabraise, si précieuse et si vantée, est un produit de la Syla; elle ne demande aucun soin. L'orne, ou fresne sauvage, la fournit abondamment. On enlève l'écorce jusqu'au bois, on y fait une incision plus ou moins profonde : les conduits séveux laissent dégorger une matière sucrée qui se condense à l'air, et forme une première jetée; c'est la manne *en sorte*. La liqueur qui découle de cette masse brute, et se fige en filets plus épurés, est la manne *en larmes* des pharmacies.

Le coton blanc et jaune a parfaitement réussi à Tropea, Castrovillari, Cropani, etc.; mais les toiles sont encore très-grossières et ne servent qu'aux besoins ordinaires; ce qui tient au défaut de soin des habitans et au peu de progrès des arts mécaniques.

Le tabac croît aussi dans la province, et y prend une vertu plus irritante. On a fait quelques plants de cannes à sucre dans les environs de Reggio. C'est dans cette ville qu'on file la soie des Pinnes-marines, dont on fait des étoffes. L'innombrable quantité de pins dont la Syla est couverte, laisse aux Calabrais une nouvelle ressource dans la récolte des résines et térébenthines. Cette exploitation était une rente royale avant la révolution; elle est négligée aujourd'hui. On tire de la Syla quelques bois de construction, et le liége y est très-commun.

La réglisse, qui est abondante près de Rossano et de Cassano, forme encore une branche d'industrie assez lucrative; mais ce ne sont pas là les seuls avantages que présente cette chaîne apennine qu'enrichissent tous les trésors du règne minéral. Les bornes d'une notice ne me permettent pas d'en présenter ici le tableau; mais le géologue comme le botaniste, y trouveraient de nombreux alimens à leur curiosité et à leurs recherches. Le sel fossile s'y rencontre en masses abondantes : les mines de l'Ongro, Rossano, Altomonte, sont en activité.

Ces dépôts salins ne sont pas dûs, comme on l'a prétendu, à des sources d'eau salée ; mais plutôt au desséchement lent de quelques lacs souterrains produits par le dépôt des eaux de la mer ; la cristallisation parfaite et par couches de ces masses de sel, en donne une preuve suffisante.

On voit dans ces montagnes les oxides du fer. Le manganèse, le molybdène, se trouvent dans les environs de Squillace. Aujourd'hui le Gouvernement a encouragé l'exploitation assez active de la mine de fer à la Mongiana, près de la chartreuse de San-Stefano del Bosco, où mourut saint Bruno. Elle donne beaucoup de minerai. Il y a du charbon fossile à Ubriatico, de l'antimoine combiné près de Mayda. Longo-Buco est riche en argent et en mercure : il y existe des terres sulfureuses et de l'alun.

Il est étonnant qu'on ait aussi peu donné d'essor à l'exploitation des mines dans la Calabre. Il est vrai que les premiers frais eussent été considérables; mais on aurait obtenu, avec de la persévérance, d'utiles résultats. Les travaux de Longo-Buco sont abandonnés, quoique les premières fouilles aient été déjà faites.

Les anciens s'occupaient de la récolte du corail dans le golfe de Saint-Euphémie.

La nature du sol de quelques sommets de l'Apennin a fait présumer, avec raison, qu'ils ont été, dans le cours des siècles, le siége de quelques volcans. Le voisinage de la mer, les eaux minérales, les ponces, les scories qui y abondent, ne permettent pas d'en douter. Le mont Guideo, le Cocozzo, l'Aspromonte, sont de ce nombre.

Le commerce n'a jamais été très-actif en Calabre. Privée de ports, cette province ne reçoit dans ses parages que des barques marchandes, dont les exportations sont bornées et n'influent que sur la fortune de quelques particuliers qui les chargent à leur compte. Partie intégrante d'un royaume assez étendu, toutes ses richesses refluent sur la capitale et se perdent dans les exportations générales.

C'est dans les foires, qui ont lieu à quelques époques déterminées, que se fait tout le commerce des Calabrais; ils y portent leurs soies, leurs fruits secs, leurs cuirs, y conduisent leurs bestiaux. Les convois qui partent de Naples et de Salerne viennent se rassembler sous les abritages de l'Amantea, du Pizzo et de Reggio, où ils reçoivent les huiles et les vins qu'ils transportent dans la capitale.

On aurait pu construire au Pizzo un port, qui eût servi de point de ralliement à ces flotilles marchandes. L'Amantea est sujet à des vents qui les dispersent; mais le bassin du Pizzo, qui est assez vaste, est couvert par les deux saillans du golfe.

En continuant de séparer cette province

de ses relations les plus directes, voyons quelles seraient ses propres ressources.

La position de la Calabre lui facilite, par la mer, les importations de l'étranger. Venise y envoie les verreries dont cette province est dépourvue; chose qui étonne d'autant plus, que les élémens du verre y sont abondans, et que rien ne s'opposerait à cette fabrication. Livourne et Marseille y portent les liqueurs travaillées, dont les habitans sont avides, les soieries, les draps, etc. A défaut des verreries, les Calabrais ont perfectionné l'art de la poterie de terre, qu'ils varient à l'infini.

Toutes les qualités imparfaites des denrées calabraises, soit en huile, en soie écrue, etc., passent à Marseille où on les emploie aux savons, aux étoffes, et retournent dans la Calabre, ainsi transformées, sous le nom de marchandises françaises. C'est un impôt qu'une province sans industrie paye à celle des peuples étrangers.

La Sicile trafiquait aussi avec la Calabre, quoiqu'il y ait identité dans leurs productions et leur commerce. Elle enlevait à cette province une partie de ses huiles, de ses soies, dont la récolte est importante, son coton et ses eaux-de-vie; elle les vendait ensuite plus en grand aux marchands allemands ou russes.

La qualité des huiles calabraises est toujours très-inférieure à celle de nos huiles de Provence; province qui, pour les productions, a plus d'un rapport avec la Calabre. Cette différence tient sans doute au défaut de bons procédés pour l'extraction des huiles, qu'on dépose dans de grandes citernes, où elles restent long-temps sans éprouver d'altération.

D'après cette faible esquisse du commerce plus particulier à la Calabre, on voit qu'il est difficile qu'il y fasse de long-temps plus de progrès. Les Calabrais échangeront toujours partiellement les produits de leur sol avec les étrangers, qui s'en saisiront avidement pour les employer dans un commerce bien entendu et plus actif.

L'intérieur souffre encore du défaut des grandes routes. Les transports par terre sont de la plus grande difficulté, et ne peuvent se faire qu'à dos de mulets. Des torrens instantanément grossis enlèvent les ponts volans jetés sur les routes, et retardent le passage pendant des journées entières. C'est là ce qui produit cet isolement et ces nuances parmi les habitans mêmes, chez qui le caractère social a des degrés plus ou moins marqués. Un voyage de quelques lieues fait époque dans les familles : on prévoit des obstacles ; on redoute des malheurs, comme s'il s'agissait d'une longue séparation.

Jamais le regard du Souverain ne pénétra dans l'obscurité de leurs bois. Rassurés par des rapports infidèles, les rois de Naples se bornaient au voyage de Naples à Reggio, par mer, et s'arrêtaient à peine à ces quelques bourgades éparses sur la côte; résidence des Castellani, des Presidi, petits despotes dont les mesures arbitraires inspiraient la terreur et faisaient taire les réclamations et les besoins.

Les bandits, les déserteurs, les *fuori-usciti* (bannis) réfugiés dans ces montagnes, effroi de l'habitant et du voyageur, garantis de l'impunité par la difficulté de la poursuite, contribuaient aussi à retenir, par la crainte, les Calabrais dans cet état de division.

Dans une partie de l'Abruzze et du Samnium, ce défaut de communication se fait également remarquer. Il n'en est pas ainsi de la Pouille, province riche de culture, de villes peuplées et bien bâties, de populations laborieuses, et où la facilité des routes assure les progrès de l'industrie.

On peut joindre aux motifs que nous venons d'alléguer, l'*esprit de paresse* des Calabrais, qui répugnent à tout travail pénible, et dont l'oisiveté et le sommeil occupent presque toute l'existence. C'est ce qui retarde l'agriculture, source inépuisable de richesses dans un état. D'ailleurs, depuis 1799, les levées de troupes de la double coalition, les guerres, la désertion, ont enlevé beaucoup de bras à la culture.

Avant la révolution de Naples, le système féodal existait dans le royaume. Les seigneurs résidant peu dans leurs propriétés, en confiaient le soin à des agens subalternes qui les laissaient presque dans l'abandon. Les travailleurs n'agissaient que par force : le découragement en était le fruit. Aussi, malgré la bienfaisante nature qui les a si généreusement dotés, les Calabrais voyaient leurs campagnes dans le dépérissement, avec la plus coupable indifférence.

Le ministère, du temps de Murat, porta la réforme et plus d'ordre dans la direction des finances. La police intérieure, avant lui sans force, déploya de l'énergie;

les tribunaux s'organisèrent. Cette marche uniforme eut d'heureux résultats, et l'introduction du système français, en corrigeant les vices d'une administration négligée, produisit de nouveaux avantages pour le Gouvernement. Le classement, comme la perception des impôts, avaient été jusque-là arbitraires et souvent sans effet; on corrigea cet abus.

Aujourd'hui le Souverain, en laissant subsister une partie de ces changemens, recueillera les fruits d'un régime nouveau sans porter l'odieux de l'innovation.

La pacification des provinces, le retour d'un pouvoir légitime, fait espérer qu'il sera facile de secouer la dangereuse inertie qui paralyse depuis si long-temps la Calabre. La persévérance et le temps sont deux grands maîtres. En attachant des prix d'encouragement aux degrés sensibles de perfectionnement dans les diverses industries, on réveillerait parmi les propriétaires une émulation qui leur manque. Les impositions foncières ont été jusqu'ici départies également dans les diverses provinces du royaume. Cette mesure devient trop onéreuse pour les deux Calabres, qui ont été si long-temps dans un état de guerre permanent, et où l'on a vu souvent les taxes enlever le fonds avec le revenu.

Le projet d'expédition de Murat contre la Sicile, qui, au fond, n'a servi qu'à faire momentanément débloquer Corfou, et dont on eût pu alors tirer plus de parti, a ruiné pour long-temps la Calabre ultérieure, où l'emplacement des camps et les désordres des soldats ont détruit de grandes plantations d'oliviers et de vignes, source de la principale richesse de la province.

Ce n'est pas avec de faibles indemnités qu'on peut couvrir de pareils dommages. Le Gouvernement, en allégeant une partie de ces charges, augmenterait les ressources. Ce qui serait diminué sur les taxes, tournerait à l'avantage de la culture et au produit des impôts indirects. Delà plus d'activité et d'abondance.

La misère flétrit et décourage ; l'aisance réveille l'industrie et mène à la richesse.

TEMPÉRATURE. — ÉPIDÉMIES.

Il y a en Calabre beaucoup trop de lagunes et de terrain non occupé. Ceci intéresse beaucoup plus qu'on ne croit l'économie animale et la santé. Les plaines au-dessous de Rosarno, Gioja, Saint-Euphémie, les bords du Chratis, l'Acqua-Felente, sont infectés, dans les temps chauds, de vapeurs pestilentielles; et des travailleurs peu prévoyans y puisent le plus souvent les fièvres putrides et la mort. Les détachemens le long de la côte, aux batteries, aux tours de garde, perdaient, en peu de jours, la plus grande partie de leurs hommes; souvent, après les premiers symptômes du mal, le malade ne passait pas la journée. Les soldats français payèrent tous les ans ce fatal tribut à l'insalubrité des plaines; aussi appelaient-ils cette province *la mine d'or des généraux et le tombeau des soldats*.

Une nuit passée sans précaution dans les bois de Saint-Euphémie, est toujours funeste. Si le général Régnier, qui occupait les hauteurs de Mayda en 1806, eût conservé cette position qui domine la plaine de Saint-Euphémie, où les Anglais étaient campés, la contagion seule les eût contraint de se rembarquer, et nous n'aurions pas risqué inutilement une bataille.

Quand les Anglais furent attaqués, le général Stewart avait donné l'ordre de se préparer à l'embarquement, et l'on n'attendait plus que le retour de quelques petits postes avancés. L'attaque peu calculée et téméraire des Français, ne pouvait donc être faite plus mal à propos. Il était difficile d'ailleurs de se former avantageusement en bataille, en arrivant sur un terrain embarrassé de chicanes, où l'ennemi avait eu le temps de choisir sa position et de placer ces batteries masquées qui nous furent si funestes.

La bataille de Saint-Euphémie, qui ne fut d'aucune utilité pour le vainqueur, réveilla l'insurrection de Calabre, que la brusque invasion de Massena avait comprimée; fit perdre aux Français l'élite de leur armée, qui se jeta sur Rossano pour s'y reformer, et ralentit de beaucoup le succès de leurs opérations.

Quoique vainqueurs, les Anglais, peu après cette affaire, furent obligés de regagner la Sicile, où les hôpitaux regorgèrent de leurs malades.

Ce qui caractérise ces fièvres soudaines dont les résultats sont si prompts, c'est un abattement immédiat, une absence totale d'appétit, une chaleur brûlante, des nausées, des étourdissemens et la mort.

Elles sont plus redoutables encore, si le *sirocco* vient à souffler. Vent perfide, qui dure souvent des mois entiers et cause des épidémies subites et mortelles. Gros d'orages, il frappe d'inertie l'atmosphère qu'il embrase. La langueur, le dépérissement, l'atonie, ne laissent aucune action aux organes, produisent la stagnation, la putridité des humeurs, et abandonnent aux ravages violens de la fièvre, une machine sans ressorts et sans énergie. Le sirocco est l'*auster* des latins.

La température de l'air doit infiniment varier dans un pays où les localités sont hautes ou basses, boisées ou découvertes, marécageuses ou arides. Aussi le climat change-t-il avec les lieux. Cette variété dans les positions, est, avec l'isolement de ces peuples, la cause première des nuances qui distinguent leur caractère.

Les plaines qui s'appuient aux montagnes, les bas-fonds des collines, quelques plages siliceuses de la Méditerranée, ne sont pas habitables dès le mois d'avril. Dans les premières, des vapeurs empestées y corrompent la salubrité de l'air et engendrent des fièvres cruelles. Dans les dernières, l'air raréfié, le jour, par l'intensité de la chaleur solaire, et, la nuit, par celle que répercute un sol embrasé, dessèche les poumons et le sang, et produit des atonies qui causent les maladies les plus graves.

Les marines de la Scalea, Paola, Amantea, ne sont pas tenables dans les temps chauds; aussi les naturels du pays se réfugient-ils dans l'Apennin, qui leur rend la fraîcheur et la vie.

La cause de ces fièvres endémiques, qui détruisent les habitans des plaines basses, est le dégagement continuel de l'acide carbonique des végétaux en putréfaction qui garnissent les lacs et les lieux humides. L'eau qui s'écoule continuellement du flanc des montagnes, et se dépose parmi les végétaux abondans, alimente et accroît ce dégagement. Le grand nombre d'insectes et de reptiles qui s'y pourrissent, occasionne la production du gaz hydrogène phosphoré; et la nature du sol, qui est le plus souvent argileux, concourt encore à engendrer ces pernicieuses vapeurs.

L'usage des spiritueux et du quina, la précaution de brûler du nitrate (1) de potasse dans des lieux clos, ou d'allumer de grands feux la nuit, peut, en quelque manière, préserver de la contagion les malheureux que les travaux des champs appellent dans ces plaines homicides.

Rien de plus inconstant que la température des lieux élevés. Des transitions subites du chaud au froid, du sec à l'humide causent des accidens funestes à l'étranger peu prévoyant. Il est utile, dans la manière de se vêtir, de ne céder entiè-

---

(1) On pourrait aussi fabriquer de toutes pièces du gaz acide muriatique oxigéné, en versant du fort vinaigre, à défaut d'autre acide, sur du sel bien séché.

rement à aucune de ces diverses impressions. Il ne faut être ni trop ni trop peu couvert, et imiter le Calabrais qui ne quitte jamais son manteau.

Notre imprévoyance nous a fait perdre, par les maladies, ce grand nombre d'hommes dont on a plaint le sort; car la guerre en a moins détruit que le séjour de Consenza, et les détachemens le long de la mer de Tyrrhène où l'on respirait un air infecté.

CONCLUSION.

La Calabre est un pays ouvert de toutes parts; les rois de Naples s'étaient peu occupés de le défendre. Il n'y a pas de port dans cette province qui en mérite le nom. Cependant Charles-Quint avait entouré Crotone d'épais remparts. Scylla et Amantea étaient défendus par leur position et leurs châteaux. Je ne parle pas de quelques batteries placées aux différens caps, et sur les tours de garde à la côte. Outre qu'elles étaient en petit nombre et fort mal servies, rien n'était plus aisé que de les enlever. Telles étaient les Calabres avant la révolution.

Depuis l'entrée des Français, le fort de Scylla a été détruit en 1809; celui d'Amantea, tombant en ruines, a été abandonné et remplacé par deux batteries de côte qui servent contre les corsaires. Le bassin de Crotone étant presque à sec, on ne s'est guère empressé de pourvoir à sa défense.

Les anciens s'étaient beaucoup plus fortifiés en Calabre; cela tenait au système militaire du temps où ce pays était peuplé de petits Etats peu liés entr'eux, et qui avaient tous un intérêt particulier à défendre leur indépendance. Locres, Reggio, Crotone, Héraclée, Sybaris étaient autant de colonies réduites à leurs remparts, sans union, et jalouses les unes des autres. Aussi, les querelles les plus envenimées ont-elles long-temps semé la discorde parmi ces républiques, qui, après avoir opiniâtrément combattu pour leur liberté, finirent par trouver des maîtres dans ces mêmes Romains qu'elles avaient choisis pour arbitres.

Aujourd'hui ces précautions ne sont plus nécessaires. Les vues du Gouvernement doivent se borner à défendre les côtes d'une insulte, et à donner des abris aux convois dont les corsaires barbaresques sont, comme on sait, fort avides.

Il faut donc multiplier les batteries sur la côte, et les rapprocher assez pour qu'elles puissent se correspondre. Elles serviront à arrêter une première tentative dans un danger imminent, et suffiront toujours à éloigner des pirates qui ne veulent pas acheter trop chèrement leur proie.

La côte de Reggio à Scylla est garnie de bonnes batteries à *barbette* qui en défendent les approches. On en a monté d'autres au Pizzo, ce qui était bien nécessaire. Celle du cap Suvero, démontée par les Anglais, est essentielle à rétablir. D'ailleurs, les craintes d'irruption ne sont jamais que momentanées, ces parages n'étant plus tenables depuis septembre jusqu'en mars.

Ce défaut de défense de la côte a facilité, pendant les règnes de Joseph et de Murat, les fréquens débarquemens des Anglais qui, avec l'assurance du peu de résistance, avaient pour eux la volonté des habitans. Il n'est donc pas besoin d'augmenter le nombre des places fortes en Calabre; une fois au pouvoir de l'ennemi, elles lui laissent les moyens d'assurer sa conquête.

L'intérieur est assez défendu par la nature même des lieux. Les chicanes d'un terrain boisé, des gorges étroites commandées par des hauteurs à pic, des torrens profonds et rapides opposent de rudes obstacles au passage des troupes et au transport de l'artillerie. On ne put faire arriver que par mer les équipages de siége en 1807.

Une fois engagé dans ce dédale, la retraite est aussi difficile que la victoire. Le froid rigoureux de l'hiver sur les hauteurs de l'Apennin, la nécessité de passer souvent les fleuves grossis par les pluies, où le secours des ponts est négligé ou rare ; l'été, une sécheresse perfide, des chaleurs insoutenables par des chemins grimpans, telles sont les nouvelles entraves que le climat ajoute à l'impraticabilité du sol.

Les insurgés nés sur les lieux, à qui les moindres détours étaient familiers, surprenaient les colonnes avec le double avantage de la promptitude de l'attaque la sûreté de la retraite.

Ils commencèrent par admirer et par craindre les Français que leur réputation avait devancés. Ils fuyaient même tout engagement avec les troupes réglées, et se contentèrent d'abord d'inquiéter les flancs et les derrières des colonnes. Plus familiarisés ensuite avec ces nouveaux hôtes, irrités contre leurs mesures, ils les virent avec moins de terreur, et repoussèrent souvent leurs attaques avec énergie.

Ceux que, depuis 1807, on a nommé brigands, suivirent à-peu-près les mêmes traces. *Bisarro, Benincasa, Nierello, Parafanti, Carmine-Antonio* et d'autres fameux dans les annales calabraises, ne furent pas toujours harcelés impunément, et vendirent cher la victoire et leur vie.

L'organisation des gardes civiques n'a pas peu servi à les détruire. C'était combattre les brigands à armes égales, et ces troupes nationales sont recommandables par les services que leur activité rendait plus précieux encore, quel que fût le motif qui les y engageât. Aujourd'hui que le grand problème de la destruction des brigands est résolu, les Calabres n'auront plus à gémir de cette peste publique. Les propriétaires composant les gardes urbaines, il leur sera toujours facile d'étouffer jusqu'au germe du mal, et je crois que la leçon donnée par Manhès suffira pour effrayer les plus obstinés.

Pendant long-temps les deux provinces furent contenues par très-peu de forces. Le 20e de ligne, le 22e léger, les Suisses, les deux premiers régimens étrangers (Latour-d'Auvergne et Isembourg) et quelques bataillons Corses y furent seuls près de deux ans. Ces corps, obligés de se multiplier, disputant d'activité avec les brigands eux-mêmes, eurent beaucoup à souffrir dans leurs fréquentes colonnes mobiles, dans les escortes des convois, et des épidémies furent le prix de leurs fatigues répétées. Les 4e, 9e et 25e de chasseurs à cheval prenaient moins de part à cette guerre de détail; les brigands, qui les craignaient beaucoup, évitaient les plaines et se retranchaient dans l'épaisseur des bois, où il eût été dangereux pour la cavalerie de s'engager.

Ces guerres d'insurrection, dans un

pays coupé et embarrassé de chicanes, sont une excellente école pour l'officier dont l'intelligence s'accroît avec la difficulté. Choisir ses positions, se garder, se défendre, cacher ses marches et ses retraites, lutter de vigilance et d'activité avec un adversaire prévoyant, ménager ses propres forces en nuisant à son ennemi, surprendre ses convois et le couper dans ses communications ; telles sont les ressources à mettre en usage, et que les localités et les mouvemens de l'ennemi modifient. Les appliquer à propos, c'est l'art; et un pareil apprentissage en forme les premières bases. Il n'en est pas ainsi dans les affaires générales, où l'officier subalterne enseveli dans les masses agissantes, se trouve réduit à son rang de bataille, et n'a besoin que de sang-froid et d'obéissance; tandis que dans ces campagnes, en quelque sorte épisodiques, il doit joindre à la prudence du conseil, la hardiesse de l'exécution.

Bonaparte qui oubliait les armées qu'il ne dirigeait pas en personne, abandonna celles de Naples, comme celles d'Espagne, à leurs propres dangers. Aucune récompense n'encouragea le succès de ceux qui en firent partie; mais il leur reste la conscience de leur zèle et de leurs efforts, et d'utiles souvenirs.

Je ne donnerai aucun détail ici sur les affaires qui ont suivi les événemens survenus depuis 1813. D'autres ont retracé avec soin les fautes et la désastreuse campagne de Murat en 1814 et 1815. Maître du plus beau royaume de l'Italie où l'usurpation l'avait placé, son caractère incertain et faible devait enfin l'en chasser. Caricature politique, rien n'étonne dans la conduite ridicule et peu franche qu'il a tenue avec tous les partis dont il s'est vu le jouet méprisé.

Cherchant à s'ouvrir par les armes un chemin dans les Calabres, il ne pouvait plus mal choisir son point de ralliement qu'au Pizzo, dont les habitans industrieux et manufacturiers étaient bien éloignés de vouloir allumer dans leurs murs le foyer de l'insurrection.

Sa conduite, à cette dernière époque, achève les traits de son caractère. Irrésolu, sans prudence et sans volonté, avec sa bravoure il eût été meilleur instrument que chef d'un complot. Sous Buonaparte, soldat couronné, il se maintint parce qu'il fut soutenu. Voulant tout devoir à lui-même, il perdit son échafaudage, et ne fut plus qu'un soldat. Précipité d'un trône dans la condition privée, avec plus de sagesse, il se fût enseveli dans un oubli prudent. Mais cherchant jusqu'au bout à parodier son maître, il a fini par ensanglanter la scène, et sa catastrophe n'est que la justice qu'on devait à son audace. Dernier et imprudent effort d'un parti sans ressource et sans conseil.

A l'exception des affaires de Campo-Temese, de Saint-Euphémie, de Mileto, de Palmi, de l'expédition contre la Sicile en 1810, des siéges d'Amantea, de Crotone et de Scylla, il ne s'est guère passé de faits d'armes bien remarquables, depuis l'entrée des Français dans les Calabres. Mais les difficultés sans nombre, les fatigues qu'éprouva l'armée, disséminée par fragmens sur l'étendue de la double province; les dangers des colonnes mobiles, les épidémies qui enlevaient en peu de temps la fleur des régimens, ont placé cette guerre de parti au rang des plus laborieuses, et l'ont rendue digne de figurer à côté de celle d'Espagne.

FIN.

NOTES.

Page 1. Bornée par la Basilicate, etc.

C'est une partie de l'ancienne Lucanie (*Lucania*).

On n'a pas joint ici la Basilicate à la Calabre, comme l'exigerait cette nouvelle division du royaume de Naples, pour rapprocher davantage les Calabrais de leur première origine. La Lucanie était, comme on sait, séparée de fait et d'opinion du Brutium chez les anciens.

La topographie différait peu dans ces deux provinces, où les caractères et les habitudes étaient si opposés.

Il n'en est pas de même aujourd'hui. Les localités comme les mœurs ont de grands rapports, et il faut un œil bien exercé pour distinguer l'habitant de la Basilicate du Calabrais.

La Lucanie communiquait avec le Brutium par de sombres et vastes forêts, théâtre de la résistance de Spartacus, et des exploits des Mamertins. Ses principales villes sont : Pestum, colonie de Sybarites, célèbre par son commerce, ses monumens et ses roses : Velia, que l'on place à la moderne Torre-di-Mare-di-Brucca; Potentia, ou Potenza; Lacus-Niger, aujourd'hui Lagonegro, sur la route Aquilienne, qui se prolongeait de Capoue à Reggio; Laurinum, Laoria, qui, avec le Laüs, séparait la Lucanie du Brutium.

Page 2. Ils y prennent le nom de *Syla*.

Il est probable que Syla, Serra, dérivent d'une étymologie commune, et que c'est une corruption du mot *Sylva*. Strabon vante la qualité des eaux de la Syla, et parle de ses bois résineux.

Est Syla picis ferax, optimè Brutiana dicta, proceris arboribus et aquis recentibus referta.

La Syla, avant l'établissement des Brutiens, devait couvrir une étendue de terrain considérable. Aujourd'hui la *Syla-Grande* s'étend depuis Bisignano et les Casali-di-Cosenza (1) jusqu'aux gorges de Ferroletto et Serra-Stretta au-dessus de Nicastro.

Page 5. Les anciens avaient donné ce nom de Calabre.

Calabre vient de *Calab*, poix-résine. Brutium, en celtique, signifie arbre, forêt. En siriaque, *Breta* veut dire arbre résineux : rapprochement qui n'étonne pas, car le Brutium comme la Messapie étant couverts de forêts de pins, ce dernier nom de Calabre a été sans doute appliqué

---

(1) Les bourgs du district de Cosenza.

dans la suite au Brutium, à cause de son abondance, et de la quantité de ses bois.

Page 5. La Calabre, de nos jours, renferme l'ancien Brutium.

On nommait *Brutii littorales* les habitans de la côte sur la mer de Tyrrhène ; *Brutii-Mediterranei*, ceux qui occupaient l'intérieur des terres et les montagnes de la Syla ; et *Magna-Græcia*, toutes les colonies situées sur les bords de la mer Ionienne, depuis Tarente jusqu'à Locres.

Un assez grand nombre de villes et de bourgs, dont quelques-uns sont des principautés, garnissent les plages de la mer de Tyrrhène : nous ne pouvons que les indiquer ici.

Près de l'embouchure du Laïno, s'élève Scalea qui donne son nom au cap. Ensuite Cetraro, autrefois Dampetia, et son promontoire ; Paola, jolie ville près de la mer, qui donna naissance au solitaire appelé par Louis XI à la cour de France; S. Lucido, Fiume-Freddo, qui doit son nom au fleuve qui le baigne; Amantea, jadis Napitia, Nocera et Castiglione, qui animent des côteaux arides. On place au-dessous de Giazzeria, entre le cap Suvero et la Pietra-della-Nave (Terianus-Scopulus), les ruines de Terina, qu'Annibal détruisit ne pouvant la défendre. D'après cette opinion, cette ville aurait été située au-dessous de Castiglione. La découverte récente de beaucoup d'armes, de vases, et de médailles portant la légende Τερινα, donne du poids à cette conjecture (1). A l'un des angles du golfe de S. Euphémie, et à l'embouchure de l'Angitola, on voit le Pizzo sur une espèce de plate-forme qui domine la mer. Cette ville est connue par son com-

---

(1) Il ne faut pas confondre Terina avec Temesa ou Tempsa, qui était placée de l'autre côté du Sabatum, *Savuto*, vers la moderne Amantea.

merce et par la pêche du thon qui s'y fait au mois de mai, et qui est très-abondante. L'Aquanea (*Aquæ-Angitiæ*), Philadelphia, Francavilla, sont de petites villes situées au milieu d'un bois qu'on croit celui d'Agathocle, *Lucus Agathoclis*.

Au-dessus du Pizzo, en suivant la côte, paraît Tropea, ville commerçante et bien située; le cap Vaticano, où fut l'antique Medama des Locriens; Nicotera, Gioja et son golfe où se jette le Metauro (Moro ou Marro); enfin, Bagnara, Palmi, Scylla et Reggio, colonie des Messéniens, dont nous avons déjà fait mention.

Nous reviendrons peu sur les villes de l'intérieur des terres, et qui appartenaient aux Brutiens dits *Mediterranei*.

Nous placerons seulement Pandosia, dont il est question dans l'itinéraire, entre Castel-Franco et Mendicina, à six milles environ de Montalto. C'est le Busento ou Achéron qui coule au pied de la colline.

Cosenza, qu'on nomme aussi *la Citta*

degli sette Colli, à cause des sept collines qu'elle renferme, est commandée par un petit château, partagée par le Chratis et le Busento qui s'y joignent, et comprend dans son district un grand nombre de bourgs appelés *Casali di Cosenza*, dont les principaux sont : Pietra-Fitta, Apriliano, Mangone, Spezzano, Grimaldi, Scigliano, etc.

Soveria, S. Tomaso, Adami, etc., dépendent de Nicastro.

Comme le Chratis traverse presque toute la Calabre citérieure, on la nomme souvent *Valle-di-Crate*.

La Calabre ultérieure est appelée par quelques géographes, *Terra-Jordana*.

L'ancien Mamertium est situé au-dessus et à dix milles de Gérace dans l'Apennin : son nom moderne est Martorano. On y a trouvé plusieurs inscriptions lapidaires, et des médailles qui fixent son véritable emplacement.

Vibbone ou Hyponium, n'était pas où

l'on voit aujourd'hui Monte-Leone; cette colonie était située sur la côte, et s'étendait vers la colline. On y a découvert depuis peu de nouvelles ruines, qu'on prétend appartenir au port construit par Agathocle, tyran de Sicile. Cette opinion confirmerait le nom donné aux bois de Francavilla, dont nous avons parlé plus haut.

Seminara, dont il est fait mention dans la notice, est placée sur une colline assez élevée, et regarde la mer. Taurianum, selon les meilleures autorités, était à trois milles au-dessous, et c'est vers cette plage même que l'on peut fixer le champ de bataille de d'Aubigny et de Cardone, en 1503.

Page 6. Là florissaient Tarente, Locres, etc.

C'est bien au-dessous de la moderne Gérace et près de la mer qu'on fixe l'emplacement de l'ancienne Locres, république célèbre par ses démêlés avec les Crotoniates. On voit encore sur ces plages le champ de bataille de Sagra, devenu par corruption de nos jours *Sanguinaya*, où une poignée de Locriens défirent une armée nombreuse de Crotoniates. Locres était située près du promontoire nommé Zephirium (Capo-Burzano); delà l'épithète de Zephyri donnée aux Locriens. Ce sont les vins de cette côte si renommés chez les anciens qu'on boit aujourd'hui sous le nom de vin grec de Gérace.

Héraclée était placée dans le golfe même de Tarente. Elle faisait partie de la grande Grèce avec toutes les colonies sur la mer Ionienne.

Quoique Tarente n'appartienne pas à la Calabre, il était impossible de n'en point parler en donnant quelques détails sur la grande Grèce, dont elle était un des principaux ornemens; elle n'est pas d'ailleurs très-éloignée des confins de la Pouille avec la Calabre citérieure.

Tarente, fondée par *Tarantus*, fils de Neptune, à l'embouchure du fleuve Taras, fut prise par les Grecs, conduits par Phalante, et devint une de leurs puissantes colonies. Elle fut successivement défendue par Pyrrhus, prise par les Romains, puis par Annibal, et enfin par Fabius qui la livra au pillage. On citait les draps, les fruits et la pourpre de Tarente. On ne vante aujourd'hui que ses coquillages (frutti di mare) qui sont les plus succulens des côtes d'Italie.

L'ancienne Tarente était au-dessous de la moderne. On y a découvert quelques fragmens d'aqueducs qui sont près de la mer, et qui dépendaient du port jadis si vaste et si renommé, et qui ne reçoit aujourd'hui que des barques qui y entrent avec peine. Son principal commerce consiste dans la vente des bestiaux et des laines. Le Galèse, dont les bords fleuris sont chantés par les poètes, a son embouchure dans le golfe : on le nomme Galeso.

Quelques détails sur la tarentule trouvent ici leur place. L'histoire de son venin, accréditée dans l'opinion de beaucoup de gens, n'est qu'une fable pour l'observateur éclairé. Les habitans de la Pouille, et en particulier ceux de la principauté de Tarente, sont sujets à de fréquentes attaques d'épilepsie qui affligent les gens de la campagne, que leurs travaux exposent à l'influence d'un soleil brûlant dans des plaines malsaines. Pour réveiller le malade de cette léthargie, on a l'usage d'employer les sons de quelque instrument, et plus efficacement l'air d'une ronde qui a pris le nom de Tarentaine, qui met le malade dans une agitation violente, et provoque une sueur abondante qui le sauve. La tradition a tellement prévalu chez les habitans de la Pouille, que, malgré des expériences réitérées, ils attribuent ces accidens à la morsure d'une araignée (*Tarantola*), dont la musique seule peut charmer le venin. La tarentule, quand on l'irrite, donne une légère piqûre, dont les suites sont un peu d'inflammation et un prurit presque insensible. Cependant, ce conte de bonne femme, dont les enfans sont imbus dès le plus bas âge, laisse des souvenirs qu'il est difficile de détruire, tant les premières impressions sont puissantes! Il ne faut pas confondre la tarentule avec le reptile nommé *taranta*, espèce de lésard à queue courte, couvert d'écailles, et d'un aspect hideux; il habite dans les trous des vieux murs; sa morsure est venimeuse.

Page 9. Après les conquêtes des Normands.

On sait que vers le neuvième siècle les Sarrasins qui s'étaient emparés de la Sicile, infestaient la Méditerranée de leurs brigandages. Des aventuriers normands qui s'étaient arrêtés à Salerne en revenant de la Palestine, s'offrirent pour repousser une irruption de ces barbares, et y réussirent.

De retour dans leur patrie, les descriptions brillantes qu'ils firent de ces contrées, enflammèrent des ames ambitieuses et avides de gloire.

Les Tristan, les Tancrède, et plusieurs gentilshommes normands font le vœu de délivrer la Sicile des Infidèles. Leur valeur accomplit leur serment. Ils chassent les Sarrasins, et joignent bientôt à leur première conquête celle de la Pouille et de la Calabre. Naples ne tarda pas à se soumettre à cette puissance nouvelle, et c'est ainsi que la fortune, qui favorise toujours les entreprises hardies, posa les fondemens du plus beau royaume de l'Europe. Roger en fut le premier roi.

Ce qu'on rapporte des exploits des Guiscard et des Tancrède, tient presque du merveilleux, et a servi d'aliment au génie fécond de nos premiers romanciers.

Page 13. Héraclée, Thurium.

Héraclée, colonie des Tarentins, était près du fleuve Siris (Sino). C'est près de cette ville que Pyrrhus, qui était venu au secours des Tarentins, battit pour la première fois les Romains commandés par le consul Levinus.

Thurium, colonie grecque, bâti par des habitans du Péloponèse et des sybarites fugitifs, est la patrie d'adoption de l'historien Hérodote. Il ne faut pas le confondre avec la moderne Terra-Nova. Celle-ci est située dans les terres, et Thurium était un port dont on voit encore quelques restes à Buffalora. Les Anciens vantaient ses vins. Les Romains s'en étant emparés s'y établirent.

Charondas fut le législateur de Thurium. Pythagore avait donné des lois et sa philosophie aux Tarentins.

Rossano (*Ruscianum*) faisait partie du territoire de Sybaris. On remarque sur une des places une inscription lapidaire, trouvée dans le Chratis. Elle est du temps des colonies romaines, et ne donne aucun renseignement intéressant.

Page 13. L'impunité de leurs crimes.

Le Castel-Brancaccio est une position des plus remarquables. A deux milles d'Orzo-Marzo, et non loin de Mormano, dans une vallée obscure et profonde, couverte par des collines couronnées de bois épais, s'élèvent deux énormes rochers de forme conique, battus depuis des siècles par les flots tumultueux des torrens qui roulent à leurs pieds. C'est dans les profondeurs de ce gouffre et sur ces rochers mêmes où sont les ruines du Castel-Brancaccio, que la bande de Mescio avait trouvé une retraite et une défense ; c'est là qu'il cachait ses victimes, et qu'il dérobait aux regards ses sanglantes exécutions.

Ce château était jadis fief et résidence des seigneurs de Brancaccio, une des plus illustres et plus anciennes maisons du royaume de Naples. Une branche de cette famille, qui suivit la fortune du malheureux Louis d'Anjou, se fixa en France dans le quinzième siècle. M. le duc de Brancas-Lauraguais, pair de France, en est aujourd'hui le chef. Ami des arts et des lettres, la chimie lui doit des découvertes utiles et de savans aperçus. Malgré son grand âge, M. le duc de Brancas a toute la mémoire et la vigueur d'esprit qu'il avait il y a vingt ans.

Orzó-Marzo est près de Mormano, et sur les bords du fleuve Bato, proche la mer de Tyrrhène. Quelques géographes l'ont placé à tort près de Squillace, qui est sur l'Adriatique (Jonio), et dans la Calabre ultérieure, tandis qu'Orzo-Marzo appartient à la Calabre citérieure, non loin des confins de la Basilicate.

Mormano (Murus-Magnus) est à environ six milles de la Rotonda, et douze de Castrovillari, sur une hauteur considérable de l'Apennin. Papasidero est sur la même chaîne de montagnes, à six milles plus loin.

Mormano, où l'air est toujours vif et pur, est une des villes commerçantes de la Calabre ultérieure. Son industrie consiste en draps grossiers, cotonnades et cuirs. Orzo-Marzo est huit milles plus loin. C'est l'ancien *Albistrum*.

Page 18. Dont l'histoire conservera les noms.

Cosenza se glorifie d'avoir vu naître les deux Parrhasius, Telesius, dont la famille existe encore, et Martoranus, savans ou poètes distingués. Lupis de Catanzaro a laissé des matériaux pour l'histoire. Toscano, de Rossano, est connu par un ouvrage profond sur le droit romain; et Mattei, de Monte-Paône, est recommandable par des recherches aussi savantes qu'élégamment développées sur les lettres et la poésie hébraïques comparées aux poésies grecque et moderne.

D'autres familles, marquantes en Calabre, auraient aussi à revendiquer quelques titres à la célébrité. Mais, nous le répétons, ces exceptions ne font pas loi, et c'est la masse, imposante par le nombre, qui a appelé nos recherches et légitimé notre opinion.

Page 22. C'est à ce sentiment indigène, etc.

Dans un des villages de la Syla, près du bourg de la Castagna, un Calabrais surprit un jour sa femme en adultère; un même coup le vengea des deux coupables. Mais

ce n'était pas assez. Réuni bientôt à une bande de fugitifs, il poursuivit de sa vengeance chacun des mâles de la famille du séducteur, et parvint à les immoler tous à sa rage. Atteint enfin par la justice, et condamné au dernier supplice, un prêtre l'exhortait au repentir..... « J'en aurais, lui
» répondit ce monstre, s'il restait quel-
» qu'un de mes ennemis après moi ; ils
» sont morts : je meurs content. »

Che pentimento vuoi di me ? N'avrei se non fosser' morti miei nemici ; sono estinti : moro lieto.

Page 23. Les sales maladies qui les affligent.

La chaleur du climat, la malpropreté, la prodigieuse consommation de viande de porc et l'abus des liqueurs fortes allument le sang, et contribuent à produire ces maladies cutanées auxquelles les classes pauvres sont sujettes, et qu'elles pourraient prévenir par l'usage des bains dont les rivières et la mer leur donnent à chaque pas la facilité ; mais pour lesquels les Calabrais ont en général de la répugnance.

Page 33. Et une constance d'affection à toute épreuve.

Les traits suivans donneront une idée du caractère de quelques-uns d'entre eux :

Un soldat du 57ᵉ de ligne avait été grièvement blessé dans une rencontre avec les brigands, sur la route de Castelluccio, au détour appelé Gualdo. Craignant de tomber vivant entre leurs mains, il se traîna pendant l'action dans le fourré d'un bois, et se cacha ainsi à leurs regards. Il resta plus de vingt-quatre heures dans cet état cruel, éloigné de tout secours humain. La fièvre, les besoins auraient bientôt mis fin à son agonie, si une jeune fille de Laoria, venue pour ramasser du bois dans ce lieu même, ne l'eût découvert dans sa retraite. Il réclama ses secours, et lui fit part de ses craintes. Elle lui promit aide et discrétion. S'environnant du plus profond mystère, cette aimable enfant prodigua pendant plusieurs jours au moribond les soins les plus touchans, lui construisit un abri, et le rappela à la vie. Enfin, un matin qu'elle était venue pour faire son pansement ordinaire, elle aperçut un détachement français qui passait sur la route. Elle courut au commandant, lui nomma le blessé, et le recommanda à son humanité. Des soldats la suivirent sur les lieux pour enlever leur camarade. « Vous êtes sauvé, » dit-elle à son malade ; j'ai rempli ma pro- » messe, et vous n'avez plus besoin de moi. » Adieu ! » Elle s'échappa aussitôt, et s'est constamment dérobée à la reconnaissance et aux recherches de celui qui lui doit la vie.

Un ordonnateur, un capitaine d'artillerie furent loyalement traités par un chef de brigands qui les avait fait prisonniers, et il les rendit sans rien exiger d'eux que la liberté de quelques-uns de ses proches détenus à Cosenza.

La bande de Carmine-Antonio surprit une nuit un petit village à mi-côte du Mitoyo, montagne qui cerne la plaine de S. Euphémie. Un sergent y était détaché avec quelques hommes. Soupçonnant la connivence des habitans, il fit peu de résistance, et dut prendre une position pour assurer sa retraite. Un soldat trop blessé pour suivre ses camarades, se jeta dans la première porte qu'il rencontra, et demanda la vie avec l'accent de la terreur et du désespoir. Le Calabrais auquel il s'était adressé lui promit de le sauver; le fit aussitôt coucher dans son lit, le couvrit de ses propres habits. « Si l'on veut t'arracher » d'ici, dit-il, je mourrai avec toi. » Les brigands faisaient des recherches de cabane en cabane. Ils pénétrèrent dans celle où gissait le blessé. « Qui est cet homme, » demandèrent-ils ? » — « C'est mon » frère, dit le Calabrais; il est mourant; » je veille près de lui ; retirez-vous. » Les brigands s'éloignèrent. Avant la fin de la nuit, il alla demander au chef de bande la permission de transporter son frère à Nicastro, pour le soustraire aux désordres qui suivraient le retour des Français. Il l'obtint. Chargeant aussitôt son malade sur un mulet, il lui fit traverser sans obstacles tous les postes des brigands, et le conduisit à Nicastro où était son bataillon.

Page 35. Parodie méprisable de notre révolution.

En France, les interprètes sanguinaires des plus funestes principes, avaient soulevé un peuple toujours envieux et barbare, avide de richesses et de vengeances, et

8

cette masse conduite par eux fut bientôt l'instrument et la dupe d'une révolution qu'elle avait désirée, et dont elle porta tout l'odieux. A Naples, au contraire, le peuple se révolta contre les idées nouvelles ; se rallia autour du trône, tandis que des hommes comblés des dignités et des faveurs de la Cour, arboraient insolemment le double étendard de la révolte et de l'ingratitude.

Ces maximes de destruction, ces lumières perfides, au lieu de la séduire, devaient épouvanter une nation superstitieuse, naturellement indolente et esclave de ses habitudes et de son repos. Le Napolitain craignit d'avoir besoin d'énergie, et s'opposa à une révolution qui demandait plutôt des acteurs que des témoins. Mais ce qui étonne plus encore, c'est de voir ce même peuple secouer cette douce apathie, ce *dolce far niente*, dont il est si jaloux, pour résister avec opiniâtreté à notre funeste impulsion, et trouver des armes pour défendre sa religion, sa patrie et son roi. La république Parthénopéenne, quoique de courte durée, eut ses héros et ses martyrs. Ceux qui ne payèrent pas leurs erreurs de leur tête émigrèrent, et revinrent avec les Français dans une patrie qui devenait aussi leur conquête; et ce qui paraîtra digne de remarque, les plus chauds apôtres de la liberté s'empressèrent les premiers à courber complaisamment la tête sous le sceptre illusoire de Joseph.

Ainsi, ces fiers républicains, naguères acharnés contre le pouvoir légitime, dont ils auraient pu espérer leur pardon, s'avilirent devant une idole étrangère, qu'ils méprisaient, et préférèrent à un honorable repentir la honte d'une criminelle bassesse.

Page 39. *Des détachemens entiers furent massacrés, etc.*

Une compagnie du 29ᵉ régiment, sur

prise par les brigands aux Parenti, village de la Syla, fut entièrement massacrée. M. de Monval, capitaine du génie, qui tomba entre les mains des satellites de Curcio, fut cruellement mutilé par ces barbares, et périt dans les plus horribles souffrances.

Le général de Gams, qui avait commandé pendant quelque temps en Calabre, mourut victime de son imprudente sécurité. Attaqué par la bande de Foggia, en se rendant à Potenza, dont il allait prendre le commandement, son détachement, beaucoup trop faible, fut dissipé sans faire de résistance, et cet officier paya de la vie une intrépidité déplacée.

Le nombre des victimes est si considérable, que la plume se refuse à retracer les détails qui accompagnèrent leurs derniers momens.

Pendant long-temps, chaque district eut son brigand, sa bande particulière. Carmine-Antonio et Mescio infestèrent les environs de Mormano et de Castro-villari. Benincasa, Nierello, Parafanti et Golia mirent à contribution le circondaire de Nicastro et les Casali de Cosenza. Boja et Giacinto Antonio, la bande de Tiriolo, ravagèrent la Serra-Stretta et les bourgs de Catanzaro ; tandis que Paonèse, Massotta et Bisarro épouvantaient les rivages des deux mers, et l'extrémité de la Calabre ultérieure.

Page 55. Surpris par l'agonie et la mort.

Le Bisarro, long-temps la terreur du bois de Solano, rendit souvent périlleux le passage de Seminara à Scylla. Pendant la persécution de Manhès, la difficulté de cacher une troupe nombreuse, et de pourvoir à des besoins multipliés, le força de disséminer sa suite.

Accompagné de sa femme, il fut bientôt réduit à vivre des racines et de l'herbe des bois qui lui servaient d'asile. Dans ces momens de détresse, sa femme accoucha d'un fils. Il est des instans où les besoins et l'amour de la vie font taire les plus chères affections. Bisarro craignant que les cris de cette créature ne révélassent sa retraite, lui brisa sans pitié la tête contre un arbre. La mère fit taire sa douleur, de crainte d'un pareil sort; mais profitant du moment où le Bisarro, étourdi par un peu de vin qu'il s'était procuré, cédait à un sommeil profond, elle saisit avec adresse ses armes, et lui fracassa le crâne, avant qu'il pût se mettre en défense.

Une récompense était attachée à la tête de ce brigand; sa femme alla aussitôt déclarer son crime, et en solliciter le prix!

Page 57. Il faut éviter l'odieux en tout.

La veuve du chef de brigands Parafanti, qui, dit-on, n'avait d'autre tort que son association avec ce misérable, fut arrêtée avec tous ses proches, et condamnée comme eux au dernier supplice. On en forma une chaîne dont elle était le premier anneau. Des prêtres, des bourreaux fermaient la marche de cette procession horriblement ridicule. Les victimes couvertes de bonnets peints de flammes et d'une espèce de san-benito, étaient montées sur des ânes, et posées à rebours. C'est de cette manière qu'on les conduisit au gibet, où se termina cette triste pasquinade.

Talarico de Carlopoli, dans la Syla, capitaine de la garde civique, éprouvé par ses actions, par un dévouement sans bornes au nouveau Gouvernement pour lequel il avait supporté des frais énormes, fut mis en jugement et condamné à mort sur la déposition d'un brigand qu'animaient d'anciennes haines, et qui déclara en avoir reçu des armes. Pouvait-on mettre en balance les preuves aussi positives de ses services avec la dénonciation d'un barbare couvert de crimes et de sang? Quand le Calabrais n'a plus de poignard, il frappe avec la calomnie.

Des prélats recommandables, beaucoup d'officiers demandèrent la grace de Talarico, et ne purent l'obtenir.

On cite encore la mort de *Torano*, et d'autres faits moins saillans que ces derniers, à côté desquels on place des exemples d'une tolérance condamnable. Car, tandis que la veuve de Parafanti était livrée à l'horreur des tourmens, celle du chef de bande Mescio d'Orzo-Marzo, complice de ses crimes et sa compagne dans ses expéditions, n'était pas mise en jugement, et vivait publiquement avec un officier de la garde civique du pays même.

Quoique les habitans de ces provinces eussent tout droit de représailles contre les brigands dégoûtant encore du sang de leurs proches, on les a vus avec peine disputer aux bourreaux leurs victimes, raffiner avec eux de barbarie, et reculer les bornes des douleurs.

Les détails que nous venons de citer sont connus de toute l'armée. Les bataillons étrangers et suisses qui étaient alors en Calabre, furent témoins des faits que nous venons de rappeler. Les Calabrais pourraient en étendre le tableau.

Page 63. Les environs de Reggio.

Après des temps d'orage et dans certaines époques, on remarque à Reggio le phénomène de la *Fata-Morgana*, nom célèbre dans les annales de la chevalerie fabuleuse. Tout d'un coup la mer et l'atmosphère présentent un assemblage confus de palais, de maisons, de jardins, que le bas peuple croit élevés ainsi par enchantement.

Les gens plus à l'abri des prestiges et

de l'amour du prodigieux, expliquent facilement cette merveille par les lois de l'optique.

Les écueils de Scylla et Carybe, dont nous éviterons au lecteur l'histoire poétique, n'ont plus ni profondeur, ni murmures. Il y a seulement des courans assez rapides du phare vers Scylla, et des côtes de Reggio vers le phare, qui, dans les gros temps, entraînent les bâtimens; mais l'art du pilotage en prévient aisément les dangers. Peut-être que les flots, poussés par le courant sur une côte plus semée de rochers, plus âpre qu'elle ne l'est aujourd'hui, produisaient jadis, en heurtant quelques cavités, ces aboiemens qui ont donné lieu à la fable intéressante de Scylla. Il n'existe rien de semblable aujourd'hui; et si quelque motif peut rendre ces parages redoutables, c'est le nombre effrayant de requins qui les habitent.

Page 63. Ce ne sont pas les seuls avantages que présente cette chaîne de montagnes.

Nous ne voulons pas omettre de parler de la pierre aux champignons, *pietra-fungifera*, qu'il suffit de couvrir de terre et d'arroser pour en voir éclore, peu de jours après, une quantité prodigieuse de cette espèce de végétal.

Cette pierre, qui est assez poreuse, paraît être une pétrification ligneuse, chargée de molécules organiques, que le calorique, l'eau et le carbone nourrissent et développent en peu de temps.

On en voit en Sicile et dans les Etats Romains près de Viterbe.

Page 75. Une nuit passée sans précaution dans les bois de Saint-Euphémie.

Le bois de Saint-Euphémie (*Lametia vetus*), plus connu par notre engagement malheureux avec les Anglais, a été de tout temps redoutable par l'asile qu'il offre au brigandage, et par les miasmes perfides qu'il exhale. C'est une surface bornée par le fleuve Amato, les monts Mitoyo, la mer, et les montagnes de la Serra-Stretta.

Des étangs rendent sa végétation plus active, et l'air y est très-mal sain dans les chaleurs. On a présenté différens projets pour le détruire. Nous avons, dans le temps proposé le moyen suivant, que nous ne ferons qu'indiquer.

En établissant des cordons d'abattis parallèles à la mer, avec la précaution de ne commencer cette coupe que vers juillet, le bois encore vert perdra bientôt sa séve. L'on pourra ensuite, en y mettant le feu, et à l'aide des vents de terre qui soufflent de septembre à décembre, former une ligne incendiaire qui, dévorant bientôt les intervalles laissés entiers, consumera jusqu'aux dernières traces de ce bois long-temps redouté.

La forêt de Saint-Euphémie est, dans

la mauvaise saison, le refuge des malfaiteurs que sa position et son épaisseur y attirent. Le voisinage de la mer et des montagnes y rendent la fuite plus facile et plus cachée. La bande du chef de brigands Benincasa y établit long-temps ses quartiers d'hiver; car pendant les froids, les miasmes sont moins à craindre, et l'air est plus épuré. La destruction de ce bois, en enlevant des retraites au crime, offrirait un nouveau théâtre à l'industrie des cultivateurs, et rendrait la tranquillité aux populations qui l'avoisinent.

Le torrent connu sous le nom de Bagni, coupe en deux le bois de S. Euphémie, et descend des croupes de Mitoyo.

On croit que le petit village situé au centre de la plaine dont il prend le nom, a été bâti sur les ruines de l'ancienne Lametia, ville des Œnotriens. Cette ville avait un port, ce qui fait supposer, au contraire, qu'elle était plus près de la mer et vers la tour de garde. Au reste, ceci n'est qu'une induction ; car il n'existe rien qui puisse ou la confirmer ou la détruire.

Le tremblement de terre de 1638, celui de 1783, ont deux fois renversé ce petit village, qui n'est guère aujourd'hui qu'un abri pour les gens de travail qui l'habitent pendant les récoltes. Le séjour, comme celui de la plaine, est des plus dangereux pour la santé.

Les villages de Giazzeria, Nocera, Castiglione, animent un peu les aspects sauvages de ces montagnes, d'où se précipite le fleuve Savuto (*Sabatum*).

Dans l'affaire de S. Euphémie, ou Mayda, car elle a pris ces deux noms, l'intrépidité des troupes françaises qui arrivèrent l'arme au bras à portée du feu des Anglais, fut cruellement récompensée.

Il fallut opérer un changement de front oblique devant la ligne anglaise qui débordait nos ailes; et c'est pendant ce mouvement que leur attaque commença. On sait combien les résultats furent malheureux. La légion polonaise y fut presque détruite.

Après l'affaire de S. Euphémie, le général Régnier dirigea les débris de son corps d'armée sur l'Adriatique et s'arrêta à Rossano, où il trouva moins d'opposition et plus de sûreté. Dans ce mouvement en retraite, que contrariaient les chicanes des lieux et les attaques des habitans, une bande d'insurgés réunis à Marcellinara, trompés par la couleur de l'uniforme des Suisses qui formaient l'avant-garde de la colonne, vinrent avec empressement à sa rencontre, croyant accueillir des Anglais: une vive fusillade les avertit de leur méprise.

Plusieurs bourgs de Calabre, à la nouvelle de la défaite des Français, arborèrent l'étendard et la cocarde de Ferdinand. Quand les premiers reprirent l'offensive, ce dévouement fut cruellement récompensé : on incendia les villages dont la révolte avait été plus signalée; Laoria, Corigliano, Soveria, furent de ce nombre.

Page 81. La Grèce peuplée de petits Etats peu liés entre eux.

On peut faire remonter la cause de ces longues querelles qui ont agité les peuples de la grande Grèce, à leurs premières invasions dans ces contrées.

On sait que les restes de l'armée des Grecs vieillis au siége de Troie, se dispersèrent après leur conquête, et cherchèrent long-temps de mer en mer une patrie qui semblait leur échapper. Peu d'entre eux retrouvèrent leur pays : la navigation était alors dans son enfance, et la boussole n'existait pas. Le plus grand nombre de ces vainqueurs, poussés par les vents sur les côtes d'Italie, s'y arrêtèrent, heureux, après tant de malheurs, de rencontrer une terre hospitalière qui leur offrait le sol, la fertilité et le climat de la Grèce. Barbares eux-mêmes, ils eurent peu à craindre des habitans plus sauvages encore de ces contrées, qui, à l'approche de leurs nouveaux hôtes, se réfugièrent dans les retraites de l'Apennin. Tels furent les premiers fondateurs des établissemens grecs dans l'Italie, qui s'accrurent bientôt des émigrations nouvelles de ceux que leurs démêlés et leurs défaites chassèrent de leur patrie. C'est à ces époques reculées que l'Italie fit partie de ces vastes domaines qui ont porté le nom de Grèce.

Page 85. Et plusieurs vendirent cher la victoire et leur vie.

On rapporte qu'on ne put avoir Parafanti que mort et criblé de coups : retranché dans un sillon de rochers où il ne pouvait être pris que de biais, les cuisses rompues par les balles, mais les bras encore libres, il sacrifia plusieurs victimes à sa vengeance. Aucun de ses coups ne portait à faux. On exposa sa tête à Rogliano, lieu de sa naissance.

Un autre, réfugié dans un *Pagliajo* (espèce de meule à foin), s'incendia lui-même avec sa dernière cartouche, pour ne pas tomber vivant entre les mains de ceux qui l'entouraient.

Nierello fut assassiné sur la route de Nicastro, par un individu de la garde civique qui feignit de se rendre à lui.

Le Monte-Paonèse, l'effroi des environs de Gasparina et de Montauro fut la proie des colonnes mobiles de Manhès.

Massotta, Mescio, Giacinto, Carmine-Antonio, eurent le même sort avec tant d'autres, dont les noms attachés à de criminels excès, ne méritent d'être cités que pour apprendre à ceux qui voudraient suivre un coupable exemple, quel en fut le mémorable châtiment.

Murat ne fut pas, comme son prédécesseur, prodigue d'amnisties. Il en autorisa cependant quelques-unes. Des chefs de brigands devinrent, après être rentrés en grace avec le Gouvernement, les plus redoutables et les plus acharnés persécuteurs de ceux mêmes dont ils avaient naguère partagé les crimes et les dangers.

Carmine-Antonio, Golia avaient servi dans les troupes réglées. On a effectivement remarqué plus d'ordre, plus d'habileté dans leurs dispositions.

Benincasa, chef de la bande de S. Biaggio, fuyant avec quatre compagnons d'infortune un détachement qui le serrait de près, fut arrêté par le fleuve Angitola, qui était alors très-gonflé et très-rapide, et qui mettait un obstacle à sa fuite. Il tenta vainement le passage à l'aide d'un char à bœufs qui fut retenu au milieu du courant. Sommé de se rendre, mais déterminé à vendre sa vie, il riposta par les coups les mieux dirigés. Enfin, après une défense longue et désespérée, ces malheureux, atteints de plusieurs coups, et au moment de n'avoir plus de munitions, s'aidèrent mutuellement à se précipiter dans le fleuve, et ce ne fut qu'avec peine qu'on trouva leurs cadavres mutilés.

Un chef de brigands de la bande de Foggia, dans la Pouille, fut condamné à avoir le poing coupé avant son exécution. Le bourreau n'ayant pu y réussir du premier coup, le patient demanda avec instance qu'on lui permit d'agir lui-même. Il acheva froidement et d'un seul coup de séparer son poignet. « Une autre fois, dit-il, à l'exécuteur, tâche de savoir mieux ton métier. »

Cette férocité de courage ne tient-elle pas aussi à la barbarie de ces peuples ? Combien d'exemples de cette indifférence dans les douleurs ne trouvons-nous pas chez les peuples sauvages !

Comme le costume du brigand calabrais a quelque chose d'original, nous en donnerons ici le détail pris sur les lieux.

Leur habit est en général le justaucorps de velours, ou de sayon noir; le caleçon large de la même étoffe; la jambe est nue ; leurs pieds couverts d'une peau de sanglier, fixée avec des cordons ; un large manteau noir les enveloppe jusqu'au menton.

Leur tête est couverte d'une toque ou chapeau orné de rubans flottans. Ils portent le mousquet à la main, le pistolet à la ceinture, et le stylet caché le long de la cuisse. Ils ceignent leur corps de la ceinture-giberne.

Garder la barbe et les cheveux longs et négligés, est, pour eux, le signe de ralliement, ou le présage d'une vengeance.

Le costume albanais, embelli d'ornemens, a quelques rapports avec celui des habitans du pays de Caux et du Valais. Les femmes, sur-tout, ont beaucoup de graces sous ce costume qui cernant étroitement leur taille, ne laisse rien perdre de la beauté de leurs formes.

Les classes plus civilisées s'habillent à la napolitaine.

L'habitude de la chasse a fait du Calabrais et des Albanais d'habiles tireurs. Quand ils ont renversé leur homme du premier coup, on les entend s'écrier : « Per Cristo ! ho fato una bella botta; » Quel beau coup j'ai fait là ! Un père, dans une rencontre avec nos troupes, disait à son fils d'un âge encore tendre : « Spari, « spari con l'ajuto di Dio, son' Francesi; » Tire toujours avec le secours du Ciel, ce sont les Français.

On sera peut-être curieux de connaître de quelle manière les Calabrais s'exercent au tir des armes à feu. Ils attachent une balle de calibre à un fil de près de deux pieds de longueur, qu'ils suspendent à un point fixe, et la font vibrer à l'air libre. C'est contre cette espèce de pendule que se dirige leur habileté, qui consiste à attraper la balle ou le fil dans une de ses oscillations. On voit des tireurs assez adroits pour ne manquer aucun coup.

Dès le plus bas âge, les enfans se familiarisent à des pratiques meurtrières.

On leur apprend à faire des cartouches, à couler des balles dans une espèce de moule à rigole, formé pour tous les calibres. La balle est adhérente au papier par une queue hérissée d'aspérités, que les Calabrais n'ont pas, comme nous, l'usage d'arrondir; ce qui fait que toutes les blessures produites par leurs projectiles, sont beaucoup plus douloureuses et plus difficiles à guérir.

Quand leurs forces leur permettent de porter le fusil, les jeunes Calabrais accompagnent leur père à la chasse ou dans ses expéditions. On cite des exemples de quelques-uns de ces derniers, qui n'ont pas balancé à détruire de leurs propres mains des enfans dont l'adresse ou le courage se développaient trop lentement.

Un arbre, un buisson, un fragment de rocher était, pour le brigand exercé, une retraite assurée, et cachait au voyageur peu avisé un piége et la mort.

Leur adresse à lancer le stylet est prodigieuse.

Page 89. A l'exception des affaires de Mileto, Palmi, etc.

Les 23ᵉ, 29ᵉ de ligne, le 9ᵉ de chasseurs, se distinguèrent à Mileto. C'est le jour de cette affaire, que le chef de bande Pane-Digrano, s'étant barbouillé le visage et les vêtemens de sang, fut pris pour mort pendant l'action, et échappa, par cette ruse, aux vainqueurs.

La réunion des troupes françaises et napolitaines à *Villa S. Giovanni, l'Amelia* et *la Corona* (1), avait pour but apparent une descente en Sicile ; mais il paraît que Buonaparte n'eut pas le projet d'achever

---

(1) Au-dessus de Bagnara et sur les plages de Palmi à Reggio.

cette expédition, ne voulant que faire lever le blocus de Corfou par une diversion adroite. Peut-être aussi que, jaloux du succès que Murat avait obtenu à Capri, il craignit qu'il n'ajoutât à ce premier avantage la prise de Messine, dont les approches étaient alors moins difficiles qu'elles ne le sont aujourd'hui. Le fait est que l'opération n'eut pas lieu, et que les troupes françaises furent rappelées. La division napolitaine, qui était la moins nombreuse, après s'être essayée dans des affaires partielles, et avoir montré beaucoup d'intrépidité dans ses engagemens avec la flotte anglaise, passa le détroit et débarqua à la *Scaletta* dans la nuit; mais au point du jour, le général Cavaignac, qui commandait les troupes, ne se voyant pas secondé par la division française, qui n'avait pas mis à la voile, se rembarqua en bon ordre avec son monde, et arriva sans obstacle. Un bataillon corse et quelques grenadiers napolitains, trop avancés dans la montagne de la Scaletta, furent coupés dans leur retraite, et ne purent arriver à temps. Des officiers supérieurs de mérite, parmi lesquels on compte Messieurs d'Ambrosio et Desbret, furent pris par les Anglais.

Page 89. *Dernier et imprudent effort d'un parti sans ressource et sans conseil.*

La conduite de Murat fut celle d'un insensé; car il est impossible de se méprendre aujourd'hui sur ses véritables intentions; et les interpréter différemment qu'on ne l'a fait ici, serait, en quelque sorte, lui chercher une excuse.

Pouvant associer tout au plus à sa fortune quelques coureurs d'aventures, il voulait donc renouveler, dans les Calabres, les mêmes excès qu'il avait si opiniâtrément poursuivis. Il fallait être aussi aveuglé que lui, sur ses propres ressources, pour songer à soulever les paisibles habitans d'une terre fatiguée de désastres, encore souillée du sang de ses propres habitans, et retentissante des cris de la vengeance. Un tel projet était aussi mal calculé qu'impraticable.

Il s'annonça, non en fugitif que la mer force à demander un abri, mais en maître qui prend terre dans ses Etats : « Io sono » Giachino il vostro Re, » dit-il aux premiers qui s'offrent à lui. C'était appeler la foudre. Rejeté, poursuivi, au lieu de regagner son convoi, il s'obstine dans une défense inutile, veut gagner les bois voisins, où bientôt il est blessé et saisi.

Des ordres très-pompts hâtèrent son jugement et son exécution. Familiarisé avec les dangers du soldat, il est mort sans foiblesse.

L'ambition le rendit ingrat et parjure envers un parti qui avait soutenu sa gloire et sa couronne; et, lorsqu'il paya de sa tête ses criminelles tentatives, il n'eut pas même la consolation d'emporter, dans sa tombe, les regrets d'un seul Français.

C'est ainsi que le sort arma les mains d'un Bourbon, du glaive de la justice, pour frapper cet homme, qui, naguère juge d'un tribunal de sang, avait si cruellement insulté aux derniers momens d'un petit-fils du Grand Condé.

Je n'ai pas voulu étendre les détails sur cette dernière révolution du royaume de Naples, qui est si récente, et dont un écrivain estimable nous a fait connaître les ressorts.

Les notes que je réunis aujourd'hui font partie de matériaux plus étendus, relatifs à l'histoire de l'Italie méridionale, et que j'ai recueillis il y a quelques années. Ne prévoyant pas de long-temps en tirer aucun parti, j'en ai séparé ce qui appartient à la Calabre, pour en faire un tableau à part.

Ennemi des préventions et de la partialité, je retrace ce que j'ai vu; je ne rapporte que des faits connus, ou assurés par des témoins dignes de foi. Je souhaite avoir rempli mon but, et ne pas me repentir d'avoir trop facilement cédé au désir de quelques amis, qui m'ont engagé à rendre cette notice publique.

Destiné, dès l'enfance, à la carrière que j'ai embrassée, par un père (1) qui l'a parcourue lui-même, je ne puis offrir au lecteur que le langage peu orné d'un soldat. Exiger de la perfection dans cet aperçu, ce serait donner trop d'importance à un travail fait sans prétention.

---

(1) Le père de l'auteur est maréchal-de-camp et chevalier de Saint-Louis.

FIN DES NOTES.

www.ingramcontent.com/pod-product-compliance
Lightning Source LLC
Chambersburg PA
CBHW060139100426
42744CB00007B/834